智元微库
OPEN MIND

成 长 也 是 一 种 美 好

宁波金田铜业全体干部培训大会

海口Master计划管理者特训营

北京 亚宝药业华为文化培训

海口 海南人力资源新年峰会

深圳 校企合作人才高峰会

深圳 华为绩效激励特训营

江门 新中源无条件增长总裁班

桂林 打造高能组织论坛

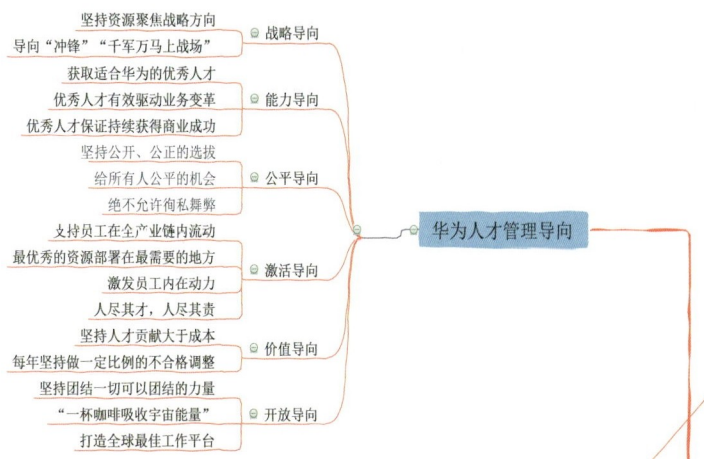
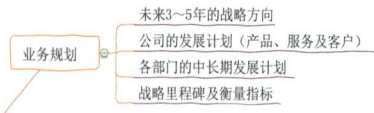
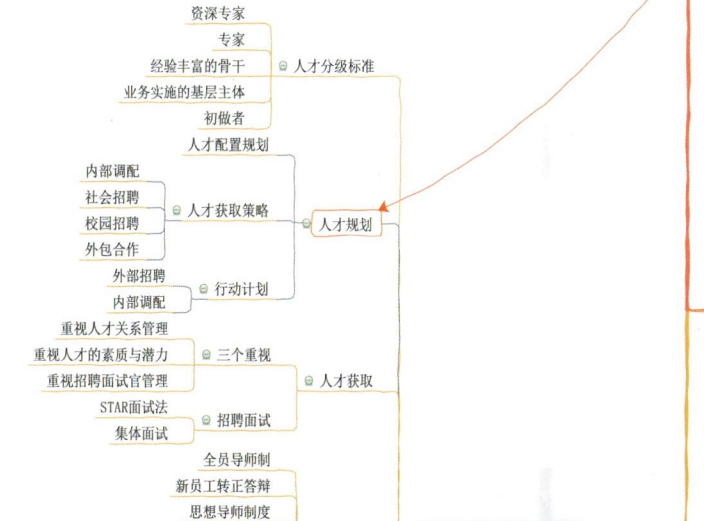
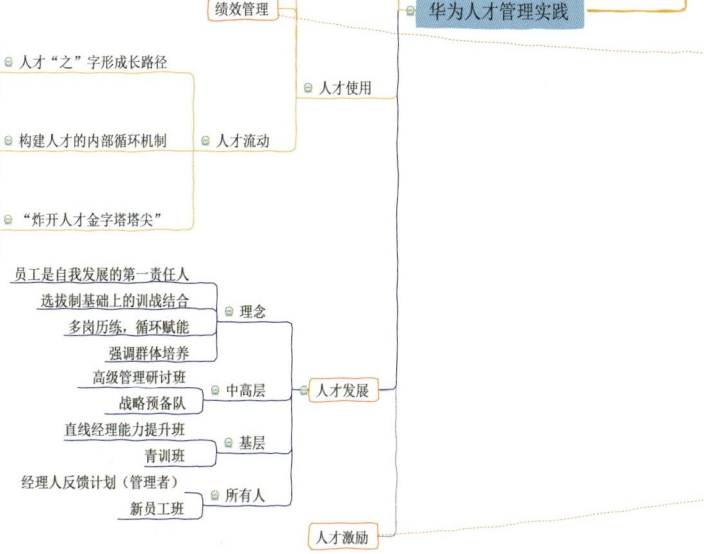
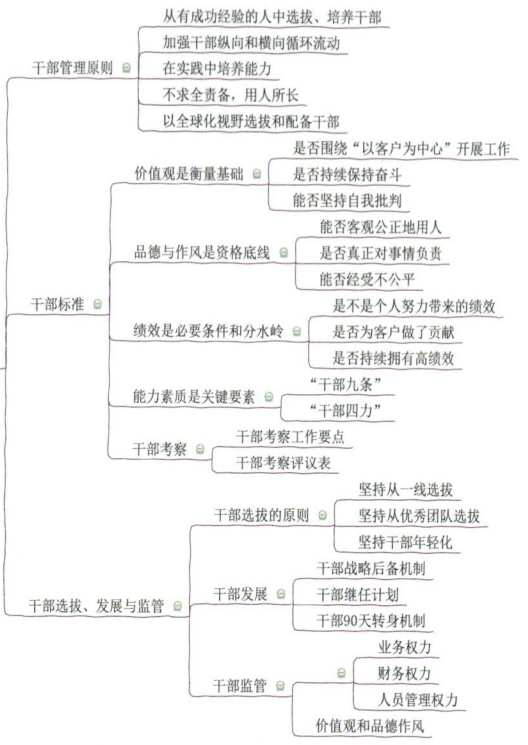
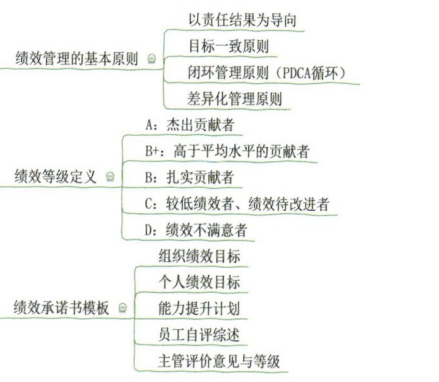
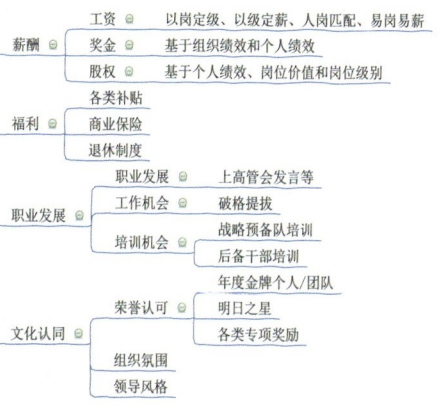

华为人才管理之道

华为人才管理导向
- 战略导向
  - 坚持资源聚焦战略方向
  - 导向"冲锋""千军万马上战场"
- 能力导向
  - 获取适合华为的优秀人才
  - 优秀人才有效驱动业务变革
  - 优秀人才保证持续获得商业成功
- 公平导向
  - 坚持公开、公正的选拔
  - 给所有人公平的机会
  - 绝不允许徇私舞弊
- 激活导向
  - 支持员工在全产业链内流动
  - 最优秀的资源部署在最需要的地方
  - 激发员工内在动力
  - 人尽其才，人尽其责
- 价值导向
  - 坚持人才贡献大于成本
  - 每年坚持做一定比例的不合格调整
- 开放导向
  - 坚持团结一切可以团结的力量
  - "一杯咖啡吸收宇宙能量"
  - 打造全球最佳工作平台

业务规划
- 未来3～5年的战略方向
- 公司的发展计划（产品、服务及客户）
- 各部门的中长期发展计划
- 战略里程碑及衡量指标

华为干部管理实践
- 干部管理原则
  - 从有成功经验的人中选拔、培养干部
  - 加强干部纵向和横向循环流动
  - 在实践中培养能力
  - 不求全责备，用人所长
  - 以全球化视野选拔和配备干部
- 干部标准
  - 价值观是衡量基础
    - 是否围绕"以客户为中心"开展工作
    - 是否持续保持奋斗
    - 能否坚持自我批判
  - 品德与作风是资格底线
    - 能否客观公正地用人
    - 是否真正对事情负责
    - 能否经受不公平
  - 绩效是必要条件和分水岭
    - 是不是个人努力带来的绩效
    - 是否为客户做了贡献
    - 是否持续拥有高绩效
  - 能力素质是关键要素
    - "干部九条"
    - "干部四力"
- 干部考察
  - 干部考察工作要点
  - 干部考察评议表
- 干部选拔、发展与监管
  - 干部选拔的原则
    - 坚持从一线选拔
    - 坚持从优秀团队选拔
    - 坚持干部年轻化
  - 干部发展
    - 干部战略后备机制
    - 干部继任计划
    - 干部90天转身机制
  - 干部监管
    - 业务权力
    - 财务权力
    - 人员管理权力
    - 价值观和品德作风

华为人才管理实践
- 人才规划
  - 人才分级标准
    - 资深专家
    - 专家
    - 经验丰富的骨干
    - 业务实施的基层主体
    - 初做者
  - 人才配置规划
  - 人才获取策略
    - 内部调配
    - 社会招聘
    - 校园招聘
    - 外包合作
  - 行动计划
    - 外部招聘
    - 内部调配
- 人才获取
  - 三个重视
    - 重视人才关系管理
    - 重视人才的素质与潜力
    - 重视招聘面试官管理
  - 招聘面试
    - STAR面试法
    - 集体面试
- 绩效管理
  - 全员导师制
  - 新员工转正答辩
  - 思想导师制度
- 人才使用
  - 人才流动
    - 人才"之"字形成长路径
      - 跨部门流动
      - 跨区域流动
      - 跨职能流动
    - 构建人才的内部循环机制
      - 岗位需求和员工意愿双向选择
      - 到战略机会点争夺拼抢
      - 各领域专业人员进入公共洪流去锻炼
    - "炸开人才金字塔塔尖"
      - 在组织结构上，打破人才发展天花板
      - 在全球部署能力中心，基于人才构建组织
      - 聚焦目标，饱和"攻击"，宽容失败
- 人才发展
  - 理念
    - 员工是自我发展的第一责任人
    - 选拔制基础上的训战结合
    - 多岗历练，循环赋能
    - 强调群体培养
  - 中高层
    - 高级管理研讨班
    - 战略预备队
  - 基层
    - 直线经理能力提升班
    - 青训班
  - 所有人
    - 经理人反馈计划（管理者）
    - 新员工班
- 人才激励

绩效管理
- 绩效管理的基本原则
  - 以责任结果为导向
  - 目标一致原则
  - 闭环管理原则（PDCA循环）
  - 差异化管理原则
- 绩效等级定义
  - A：杰出贡献者
  - B+：高于平均水平的贡献者
  - B：扎实贡献者
  - C：较低绩效者、绩效待改进者
  - D：绩效不满意者
- 绩效承诺书模板
  - 组织绩效目标
  - 个人绩效目标
  - 能力提升计划
  - 员工自评综述
  - 主管评价意见与等级

人才激励
- 薪酬
  - 工资：以岗定级、以级定薪、人岗匹配、易岗易薪
  - 奖金：基于组织绩效和个人绩效
  - 股权：基于个人绩效、岗位价值和岗位级别
- 福利
  - 各类补贴
  - 商业保险
  - 退休制度
- 职业发展
  - 职业发展：上高管会发言等
  - 工作机会：破格提拔
  - 培训机会
    - 战略预备队培训
    - 后备干部培训
- 文化认同
  - 荣誉认可
    - 年度金牌个人/团队
    - 明日之星
    - 各类专项奖励
  - 组织氛围
  - 领导风格

华为人才
管理之道

陈雨点◎著

**TAO OF HUAWEI
TALENT MANAGEMENT**

人民邮电出版社

北京

图书在版编目（ＣＩＰ）数据

华为人才管理之道 / 陈雨点著. -- 北京 ：人民邮
电出版社，2020.8
（华为工作法系列）
ISBN 978-7-115-53528-3

Ⅰ．①华… Ⅱ．①陈… Ⅲ．①通信企业－企业管理－
人力资源管理－经验－深圳 Ⅳ．①F632.765.3

中国版本图书馆CIP数据核字(2020)第039344号

◆　　　著　　陈雨点
　　责任编辑　袁　璐
　　责任印制　周昇亮
◆人民邮电出版社出版发行　　北京市丰台区成寿寺路 11 号
　　邮编 100164　　电子邮件 315@ptpress.com.cn
　　网址 https://www.ptpress.com.cn
　　涿州市京南印刷厂印刷
◆开本：720×960　1/16
　　印张：16.75　　　　　　　　2020 年 8 月第 1 版
　　字数：180 千字　　　　　　2025 年 8 月河北第 10 次印刷

定　价：69.80 元

读者服务热线：（010）67630125　印装质量热线：（010）81055316
反盗版热线：（010）81055315

人的生命是短暂的，我们要让一些优秀人员在最佳的时段走上最佳的岗位，做出最大的贡献。激活组织，焕发个人潜力，让组织充满能量。各级组织对不善于学习的人，使用时要慎之又慎。

——任正非

让人才成为驱动组织成长的核心动力

经常有人问：华为为什么会成功？撇开外部环境因素不论，其成功原因可以用一句话来概括：战略和能力的匹配。在使命宗旨和战略意图的牵引下，聚焦主航道（主营业务领域），明确所要抵达的港口和航线（战略目标以及达成目标的路线），找到千帆竞发中超越竞争者的方法（竞争优势定位和实现优势的方法），是华为成长的必要条件。主航道上水量巨大、风高浪急，不断有船只落后甚至倾覆，只有技艺高超、素质优良、意志坚定、心态沉稳的船长和船员团队，才能使企业之舟抵达胜利的港湾。由此可见，企业人才（包括干部和专业技术人才等）作为组织能力的主要载体，是华为成长的充分条件。

早在 20 多年前，《华为基本法》就提出了"人力资本优先增长"的主张。长期以来，华为重视人才开发与管理，形成了完整的政策框架和体系平台。对此，本书做了全面的介绍和说明。其中，主要经验有以下 10 点。

第一，按照"以奋斗者为本"（当所有组织成员都是奋斗者时，就是以人为本）的理念，切实尊重人才、珍惜人才和爱护人才；各级管理者需将主要精力花在人才引进、培养、配置、激励等工作上。

第二，不断将现有人才基础与未来战略目标相结合，在此基础上制订并实施具有战略性的人才开发方案，使企业业务发展和人力资本增值动态相匹配。

第三，坚持以内生培养为主的人才开发模式。招录素质较高的"学生兵"，通过系统的培养、训练以及放手使用，使他们成长为能打胜仗的各级指挥员，成为所在领域、所在专业与其职位、角色相关的专家。

第四，花大力气、大代价引进核心人才和高端人才，并妥善使用，确保他们的留存和发展。企业的其他资源都跟着核心人才、高端人才走，即人在哪儿，资源就配置到哪儿。

第五，重视关键干部的管理，构建公正、科学以及赛马型的干部评价、任用机制。按照在实战中选干部的理念，选拔、重用真正能打粮食、打胜仗的干部。

第六，对全体员工进行任职资格、绩效、能力等维度的评价；发现德才兼备的优秀人才，淘汰不创造价值的人员，保持组织的张力和活力。

第七，选用业务领先模型、战略管理框架等管理工具和手段，将战略目标及举措进行分解，使个人工作目标和企业整体目标相统一、个人行为和企业整体战略动作相一致。

第八，保持薪酬竞争力，提高利益吸引力。采用各种利益分享机制，真正做到企业与员工"利出一孔"。同时利用薪酬待遇（包括工资、奖金和分红、福利等），不断提高人才素质。在分配要素结构上，提高知识、劳动等非资本要素的比例。

第九，从价值创造、价值评价、价值分配三位一体的整体角度，构建并迭代人才管理流程、制度以及工具、方法体系平台；为人才发展提供契约化的舞台。其中，将任职管理体系和领导力管理体系作为人才选育用留循环的基础。

第十，营造公开、透明、包容、开放、公正、进取的组织氛围，为人才提供成长及成就事业的良好文化生态。

华为人才开发管理的好经验、好做法当然远远不止以上 10 点，但这是其他企业，尤其是中小企业最需要学习和借鉴的内容。本书作者陈雨点是华为从校招学生中培养的具有国际化视野的复合型管理人才，她不但在华为管理变革项目组和集团人力资源部门有多年历练，还在亚太多个国家与地区常驻，参与了华为海外拓展工作。她勤思好学，为人做事有浓郁的华为风格。

本书既有丰富的细节和例证，又有方法论和理念原则的提炼，对读者学习华为最重要的成功原因——人才管理大有裨益。

施　炜博士

华夏基石管理咨询领衔专家

中国人民大学中国资本市场研究院高级研究员

2020 年 5 月 1 日

员工不是靠管，是靠机制激发战斗力

不少领导者抱怨现在的年轻员工难管：有的对工作任务挑三拣四，有的受了较重的批评就拂袖而去……要让他们吃苦，完成工作挑战，领导者似乎总有点担心。

可是，2013 年，有一位刚入职企业不到一个月的年轻员工，被公司派到了东非小岛国科摩罗联盟（下文简称"科摩罗"），独自担起了开拓市场的大任（公司于 2014 年增派了一位厨师）。当地生活条件艰苦，中国企业的知名度又不如老牌的西方企业，但就是这个被戏称为"一人一厨一狗"的小分队，愣是攻下了当地的电信市场。

这个中国企业开拓国际市场的经典成功案例，就是由华为的年轻员工创造的。为什么华为的员工战斗力这么强？难道是因为中国的顶尖人才被华为一网打尽了吗？显然不是。

虽然华为员工的素质本身比较高，但其从初出茅庐的新手成长为职场悍将，并不是只凭员工个人奋力拼搏，还要倚仗华为多年以来打造的一个成熟、全面、细致、具有高度实操性的人才选拔、培养和激励系统。

本书揭开了华为人才管理系统的秘密，它以清楚的语言、生动的笔触为读者解析了华为人才体系的设计理念及实施要点。本书内容翔实、信息量极大，非常适合关注提升企业人才管理水准的企业家及高管认真研读。

你的公司可能没有华为那么大，但相信本书介绍的华为具有国际前瞻性的人才管理经验，一定会为你的企业人才管理工作带来新思路、新启迪！

窦文宇 教授

香港城市大学商学院副院长

EMBA 课程主任

2020 年 4 月 24 日

能用众力，则无敌于天下；能用众智，则无畏于圣人

春去夏来，雨点老师说她的第一本书要出版了。书稿传来，我手不释卷，拿着笔记本边读边做记录。这是一本专门从人才管理视角来解读华为的书，秉承了雨点老师讲课的风格与特点，有系统、有深度，带给我很多思考。这本书让我读懂了华为这家伟大的企业。任正非用"人才不是华为的核心竞争力，对人才有效管理的能力才是企业的核心竞争力"道出了华为成功的奥秘。

市面上讲华为管理的书很多，专门系统地从人才管理角度讲华为的不多，由拥有 14 年华为工作经历的资深专家执笔的书更是珍贵。雨点老师是我的良师益友，我们经常进行交流：有时就企业管理中的具体问题，有时就一本书的读法，她总能三言两语理出头绪，帮我廓清迷雾。

我与雨点老师同在一个管理学习群，群里有许多管理大师，包括多位起草《华为基本法》的专家及国内各大企业的创始人和高管等。群主常分小组拆书、拆文章，我记得我们拆过多篇陈春花老师的文章。雨点老师在

群里的发言总是言简意赅、独辟蹊径而又提纲挈领，令人耳目一新。后来有几个群友笑称雨点老师是"小春花""陈春花第二"。雨点老师很谦虚，她说自己就是小雨点，做好"雨点"的工作，滋润大地，滋养花草，已然很好。

2019 年的某个周末，她到上海授课，我赶去听课，发现到场的学员来自天南海北，其中有上市公司高管，有公司老板，也有长江商学院及中欧国际工商学院的学员。现场气氛热烈，雨点老师几乎没有休息的时间，好不容易被助教叫停茶歇，又马上被学员围住请教。一个从厦门专程带团队来听课的创业者说，自己跟着雨点老师转了几个地方、听了多堂课，颇有收获，觉得超值。

《华为人才管理之道》和大部分华为传记故事不同，它围绕人才管理的全链条展开深度解析。产业在升级、人才也在迭代，知识型员工越来越多，进行专业化的人才管理迫在眉睫，单凭看任正非的文章或者语录是无法让战略落地的。

在华为的管理哲学中，人力资本的增值目标优先于财务增值目标。杰克·韦尔奇（Jack Welch）曾说："毫无疑问，人力资源的负责人应当是任何组织的第二号重要人物。""从 CEO 的角度来看，人力资源负责人至少应当与 CFO 平起平坐。"在这些优秀企业家眼里，人显然被视作决胜当下和未来的最核心要素。

近 20 万知识员工究竟该如何管理？

如何让"书生"成为斗志昂扬的奋斗者？

是什么让一家凭借两万多元起家的企业成为年销售额超 1200 亿美元的庞大组织？

这其实是我学习华为之前非常困惑和好奇的问题。读完雨点老师这本书，我豁然开朗。我发现，华为把人才管理搭建成一套可以自运转的飞轮，形成了飞轮效应。应该说，在构建这套飞轮的前期，华为付出了很大的努力，这样才转动了人才管理的飞轮。这套体系走上平稳发展的快车道之后，一切都显得非常有序了。因此，企业的管理改进一定要持续进行，不断积累，相信量变最终会带来质变。

江湖传言，学华为的人都不后悔，因为他们都比过去的自己更好了。那么在人才最珍贵的时代，让我们洗手静心，一起跟随雨点老师了解华为人才管理之道吧！

孙伟军

奥康集团副总裁

奥康运动总经理

2020 年 5 月 14 日

传道授业解惑，集华为人才管理之大成

华为是一家成立于 1987 年的通信公司，在成立后 20 多年的时间里，它都是一家"默默无闻"的公司。这样的状况直到 2012 年华为正式开始进军终端行业才有所改变。随着媒体的报道不断增加，曝光率不断提高，华为成了中国企业界无出其右的"超级网红"。而与华为同样出名的，就是华为人了。在华为取得举世瞩目的成就背后，少不了数十万杰出华为人的贡献。

现在，向华为学习已经蔚然成风：有的公司学习产品研发，有的公司学习营销，有的公司学习财务管理，但是我认为，华为公司与人才之间的共生共荣关系，才真正是一门大学问。

学习华为人才管理，最常见的错误是管中窥豹。有的公司盯住某一个具体的管理措施开始尝试复制，往往发展到一定阶段后，才发现其缺少系统的顶层设计和各项支撑，这样，执行就会偏离一开始的方向，犯了注重"术"而忽视"道"的错误。陈雨点老师是我多年的同事，也是家住同一个小区的邻居，她具备丰富的华为人力资源管理实践和理论设计经验，她的这本新书，毫无疑问是系统阐述华为人才管理体系的最新佳作，全书除了对华为具体的人才管理实践进行了详细的介绍，还从华为的人才哲学、人才文化等大的框架着手，首创性地进行了深入探讨。反复阅读本书，令人受益匪浅。

我有幸在华为经历了十余年的洗礼，从刚毕业时的懵懂应届生，成长为负责一方业务的基层领导者，回首十余年的华为生涯，我一直感恩于华为的人才管理体系对自己的帮助和提高。华为的人才体系真正做到了对优秀人才的有效筛选，真正做到了对干部的有效培养，真正做到了经营战略与人才战略的和谐统一。

离开华为后，作为各层级的业务管理者，我经历了种种人才管理挑战：缺人才、人才难管、人才管理成本高、跨文化沟通困难重重，等等。我也尝试着用我在华为学到、看到的管理措施去解决问题，但最为苦闷的是缺乏一本指导性的手册，而这本书解了我的燃眉之急。

我们正处在第四次工业革命中，我们正面临百年未有之大变局，唯有主动面对变化，才能做到适者生存。对于企业而言，如何向内挖掘人才的潜力是永恒的话题。希望本书能让每一位企业家、高级管理者、人力资源管理从业人员领悟华为的人才管理之道，从容面对人才管理中的各种挑战。

最后，希望每一位读者都能够有所收获，走上人才管理的康庄大道。

李传钊

前华为墨西哥子公司副总经理

中国联通泰国公司总经理

泰国 5G 圆桌会议成员

2020 年 5 月 16 日

以标杆力量牵引中国企业成长

为什么要写人才管理

10 年前，很多企业可能不会将人才管理放在一个比较核心的位置。当时中国经济增长迅速，人才供应也比较充足。只要把业务做好了，人才似乎不是制约企业成长的核心要素。

但是今天，持续生存成为很多企业的核心诉求。黑天鹅事件频出、全球经济增速放缓，企业成长的破局点在哪里？看上去，很多状况似乎并非企业所能控制，但如果我们抽丝剥茧进一步分析，就会发现问题的症结最终都定位到了人才管理这个主题上。很多朋友常常跟我交流华为管理人才、管理干部、激发团队活力等内容，大家都想借鉴华为的成功实践，提高企业的人才管理水平。

为什么要写华为的人才管理

华为不久前发布了 2020 年第一季度的业绩报告。在当前环境下，华为 2020 年第一季度的业绩还是比去年同期略有增长。外部环境如此严峻，华为前进的步伐都没有被阻挡，实在难能可贵。这也跟华为有一支强有力的队伍密不可分。

华为的人才管理非常有特色，大体来说，华为的人才管理有如下特点。

（1）华为把人才管理放在战略高度来对待，将人才管理视为企业的核心竞争力，在人才管理和干部管理方面不断精进，很多理念深入人心，组织执行力强；

（2）华为的人才管理有一套逻辑严密的流程体系，包括用人标准、人才招募，人才使用、绩效激励等，环环相扣，互相约束，架构系统性强；

（3）随着华为业务的持续发展，华为人才管理的策略和实践也在持续迭代与变化，力求实用和灵活。

希望更多企业能通过华为的人才管理实践得到启发，这是我创作本书的初心。"以标杆力量牵引中国企业成长"是我和我的咨询顾问团队的愿景与使命；"希望中国能涌现出更多类似华为的优秀企业"是我们的期待。

企业什么时候要关注人才管理

有人会问，是不是要等到企业做大了以后才来关注人才管理？答案是否定的。即使企业规模很小，也需要将人才管理放在战略高度去对待。如果早期不把人才管理放在战略高度，等到企业规模扩大以后再来调整人才策略就来不及了。优秀人才队伍的形成需要一个过程，前期不重视会导致人才队伍质量不达标，无法支撑企业持续健康成长。所以，人才绝对是企业要高度重视的管理要素。

本书部分参考资料来源于华为发展过程中创始人任正非及其他华为领导者的讲话，我结合自己在华为 10 多年的工作经历做了详细的解读。不同的企业背景、规模，学习的重点一定不同。我认为，企业应该以发展的眼光，结合自身所处的发展阶段，选择性地借鉴华为的实践经验。学华为不是学华为的今天，也不是学华为的过去，而是学适配自己业务场景的内容。脱离了场景看华为的管理实践，或者只是看任正非的某些文章和句子，是很难让战略和管理落地的。因此，在这本书的最后，我回顾了华为从成立到现在的关键业务事件和管理举措，希望可以为企业提供参考。

诚挚感谢

一本书的诞生过程其实是一个团队协作的过程，是集体智慧的结晶。在这里，我要诚挚感谢以下协作者。

首先，我要感谢邀请我写这本书的邓斌老师，他是我在华为的同事，也是华南理工大学的校友。在邓斌老师的不断鼓励和"监督"下，我花了一年多的时间才完成这项艰巨的任务。我深刻感受到，写书不但是一个脑力活，更是一个体力活。当然，借由本书的创作过程，我又重新回顾了我在华为 10 多年的工作历程，像拼图一样复原华为在人才管理方面的关键策略和举措，这也让我对企业的人才管理有了更立体的思考。

其次，我还要感谢本书的策划编辑袁璐老师和原华为人力资源体系干部部部长王旭东老师。袁璐老师从书的选题开始就一直在指导我创作，在此期间我们多次讨论书稿内容。袁老师也协同人民邮电出版社的专业编辑老师们，对本书做了细致的编校工作，在此，也对编辑老师们表示感谢；王旭东老师基于他在华为丰富的人力资源管理实践经验，花了很多精力帮我对书稿进行审读和优化，在此，对王老师的付出表示感谢。

再次，我要感谢我先生的支持，他和我一样也是从大学毕业就加入了华为，在写书的过程中，我针对一些具体的问题和他进行了研究讨论，得到了很多帮助与启发。

最后，我要感谢购买本书的读者朋友们，希望大家多多指正及反馈，这是对我最大的鼓励，谢谢！

陈雨点

2020 年 4 月 20 日

目 录
CONTENTS

前　言
PREFACE

从 1876 年亚历山大·贝尔（Alexander Bell）先生打通第一个电话，到
2019 年年底，全球共有约 52 亿人使用移动通信服务，用户数量占全球人口
数量的 67%，预计到 2025 年，移动通信用户将接近 60 亿。如果从通信行业
的历史来看，华为是一家成立时间并不算长的公司。1987 年成立于深圳的华
为，能在短短的 30 多年中，将业务覆盖到全球 170 多个国家和地区，不得不
说这是一个奇迹。

回顾华为发展的历程，可以说是一段不断直面竞争的历史。华为创始人
任正非在创建华为之前参过军，转业后来到深圳南油集团，由于业务没有干
好，只好出来找工作。他误打误撞走进了通信行业，并拿出自己所有的资产
去注册公司。那时，通信行业的公司有成百上千家，而这个行业的技术演进
又太快，很多企业很快就退出了这个行业，但任正非在创业时拿出了所有家
底，只好硬着头皮前行，当时他只有一个信念：活下去。当时华为公司的办
公场所既是生产车间、库房，又是厨房和卧室。十几张床挨着墙边排开，床

不够，用泡沫板加床垫代替。所有人吃住都在公司，不管是管理层还是员工，干累了就睡一会儿，醒来再接着干。此前公司将资金全部用于研发，已经没有现金了，不出货就面临破产。所幸华为后来研发的交换机销售得很好，很快带来回款，公司才得以继续经营。

为了公司的发展，1996 年，华为开始走出国门。在刚开始的那几年，华为人辗转几个国家，却一直接不到订单。直到 1999 年，华为在俄罗斯签下一单 38 美元的电源模块合同。在海外市场，华为的每一步都充满艰辛。

秉承屡败屡战的精神，华为将通信领域作为"城墙口"进行冲锋，坚持只做一件事、在一个方面做大。华为只有几十人的时候就对着一个"城墙口"进攻，当其拥有了几百人、几万人的时候仍在对着这个"城墙口"进攻，现在拥有了十几万人后，还在对着这个"城墙口"冲锋。密集炮火的饱和式攻击，将每年不低于年收入 10% 的资金投入研发，最终使华为走上了世界领先通信企业的位置。

华为认为，机会、人才、技术和产品是公司成长的主要牵引力。这 4 种力量相互作用：机会牵引人才，人才牵引技术，技术牵引产品，产品牵引更多、更大的机会。华为持续关注这 4 种力量互相牵引的力度，通过良性循环，使企业的发展呈现螺旋式上升的态势。

在 30 多年的发展历程中，人才管理的改革与创新始终是华为根本性、全局性的核心发展战略。市场部大辞职、发布《华为基本法》、引入英国国家职业资格体系（National Vocational Qualification System，NVQ）和 IBM 的绩效管理体系、创建华为大学、搭建核心岗位领导力模型、完善岗位价值体系和干部管理体系、引入业界"明白人"^一、定岗定编、建立内部人才市场、组织研发部门2000人下市场、构建战略预备队和全球能力中心等一系列人才管理举措，极大地激发了企业人才体系的活力和竞争力。

《华为基本法》第二条提出："认真负责和管理有效的员工是华为最大的财富。尊重知识、尊重个性、集体奋斗和不迁就有功的员工，是我们事业可持续成长的内在要求。"华为轮值董事长胡厚崑也在2018年新年贺词中表示："努力奋斗的优秀人才是公司价值创造之源。"

华为人力资源管理的基本目的是建立一支宏大的、高素质、高境界和高度团结的队伍，以及创造一种自我激励、自我约束和促进优秀人才脱颖而出的机制，为公司的快速成长和高效运作提供保障；根据公司不同时期的战略和目标，确定合理的人才结构；依靠企业文化与价值观、成就与机会、政策与待遇，吸引和招揽天下一流人才。在人才招聘和录用的过程中，华为注重人的素质、潜能、品格、学历和经验，按照双向选择的原则，在人才使用、培养与发展上，提供客观且对等的承诺。

对人才的重视及专业化的培训与发展，自上而下的目标与责任清晰、坚持以责任结果为导向的考核，使公司内部机制简单，风气正派；持续多年不断引入各类优秀人才以提高组织能力的做法，支撑了华为公司的业务发展。面向未知的互联网时代，华为更强调人才的开放性，创造性地提出"'炸开'人才金字塔塔尖，在全球能力中心进行人才布局"等措施，持续通过战略预

一 某一领域的资深专家。

备队培养未来领导者，加强跨部门人员的流动，吐故纳新，不断加大组织的动能。有学者指出，华为已不仅仅是一家经营通信业务的公司，更是一家经营人才的公司，人才的不断增值支撑了其业务的长期健康发展。

未来二三十年，人类社会将演变成为智能社会，对于其广度、深度，我们现在还难以想象。如何让人才在良性约束下自由发挥，创造出最大的价值？如何用人才的确定性去应对未来的不确定性？在新格局展现之际，华为还在持续探索和创新人才管理体系。任正非提到：领导者在走向高位前，就已经完成了当领导者的准备。因此，华为未来要有开放的用人态度，吸纳全球的优秀人才。任正非居安思危，对华为未来的持续发展提出了警示："泰坦尼克号"是伴着一片欢呼声出海的，其与华为今天的处境何其相似。按照惯性，华为的高速增长还会持续3～5年，3～5年后呢？百年前生产"泰坦尼克号"的贝尔法斯特在工业革命中是何等繁荣啊！匹兹堡、底特律也曾十分风光，如今物换星移。"三十年河东，三十年河西"，华为也成立三十多年了，要想不死，就必须自我改革，激活组织，促进血液循环，焕发青春活力。

让人才为我所用而非为我所有，让人才在最佳时间以最佳角色做出最大贡献是华为对人才管理的本质诉求。

很多中国企业，在面临转型升级时，其内部的人才储备还不是特别充分，人才管理的方式方法还不健全。因此，在当前阶段，构建人才管理体系是这些企业的当务之急。任正非在达沃斯论坛的一次采访中讲道："华为没有秘密，任何人都可以学。华为没有什么背景，没有什么依靠，也没有什么资源。唯有努力工作才可能获得机会。努力工作首先要有一个方向，这个方向就是为客户服务。"这里说的努力工作，是指华为有一群努力工作为客户创造价值的员工和干部。

本书从以下方面入手，全面梳理了华为人才管理的理论与实践，解析华为高速成长背后的人才管理奥秘。

- 华为如何让各类人才接受企业的发展理念、融入企业文化、凝心聚力共同推动企业发展？
- 华为如何获取人才、培养人才、留住人才，通过聚集优秀人才打造企业核心竞争力？
- 华为如何在软环境和硬条件上下功夫，使规章制度、激励机制等软环境与人才有效发挥作用相适应，让工作环境、薪资待遇等硬条件与人才有效发挥作用相协调？

一家企业的强大不在于它的收入高，也不在于它是不是世界 500 强公司，而在于它能不能聚拢顶尖人才，形成强有力的组织。在全球产业转型升级、国际政治经济形势极端复杂的时期，读懂华为的人才管理对其他企业的发展具有重大意义。

第一章

华为人才管理体系

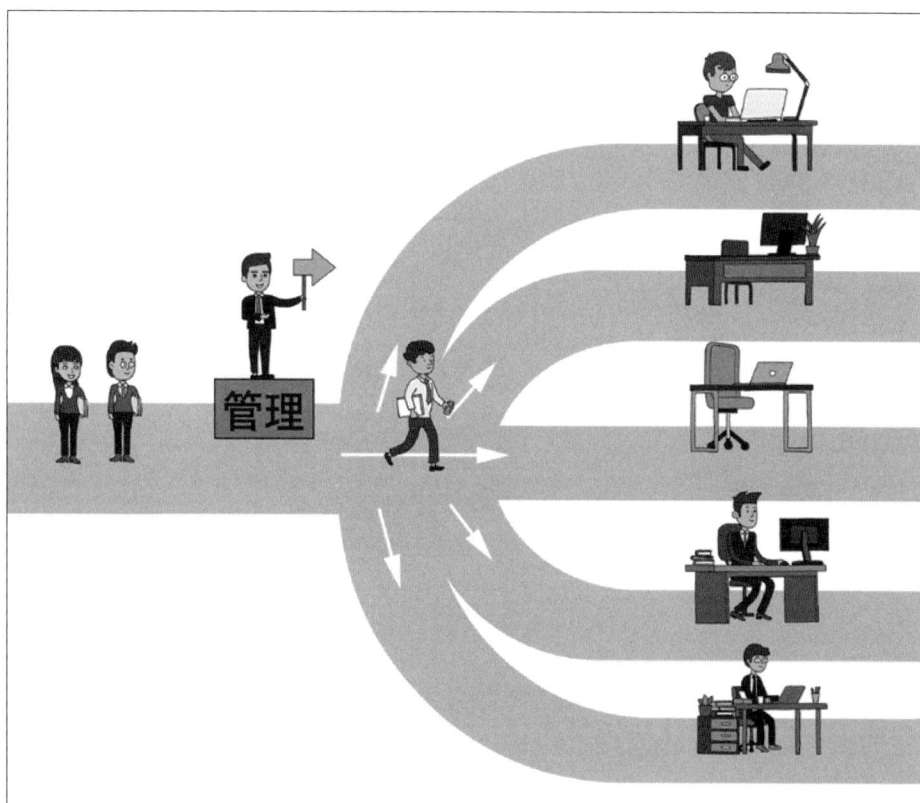

人才不是华为的核心竞争力，对人才有效管理的能力才是企业的核心竞争力。

——任正非

何谓人才管理

在《辞海》中，"人才"是指有才能、学识的人；"管理"是指料理、管制、管束、经管、执掌、治理、处理。比尔·盖茨说："如果可以让我带走微软的研究团队，我可以重新创造一个微软。"由此可见，人才对于一家企业的发展多么重要。

通用电气（GE）把人才定义为既有通用电气价值观又能做出业绩，能在特定时间和空间内为通用电气创造价值的人。在杰克·韦尔奇任 CEO 期间，通用电气面临的挑战是能否建立一个协同一致、高效执行的组织。当时的行业特点是颠覆性技术较少，市场变化比较慢。通用电气把目标设定为打造一个协同一致、高效执行的组织，它采取的策略是重视组织整体战斗力的提升，降低对个体的关注，这个策略在当时取得了良好的效果。

IBM 把人才定义为有决心和团队精神的高效执行者。在郭士纳任 CEO 之初，IBM 面临的挑战是客户对产品解决方案提出了更高的要求，传统的销售硬件的逻辑不再适合 IBM。郭士纳提出要发挥协作优势、整合业务、整合全球资源、为客户提供全面的解决方案，他同时对管理者和员工提出对赢（win）、执行（execution）、团队协作（cooperation）等内容的考核。这个策略使 IBM 在转型期保持了稳定的发展态势。

谷歌把人才定义为最精英的智慧"创作者"。他们能不断学习，打破窠臼，不断成功。他们不能只是普通的工程师，而必须具备商业头脑、专业知识、创造力及实践执行的能力。谷歌认为，组织无法管理智慧创作者如何思考，只能管理他们思考时身处的环境，让这个环境成为吸引他们的地方。因此，谷歌通过构建宏大的愿景、安排有挑战性的工作、让员工参与决策和运营，达成组织和个人发展的统一，让智慧创作者发挥最大的价值。

从上面这些不同时间段内标杆企业的典型实践中，我们不难看出，在不同的外部环境、行业和时期，企业人才管理的做法差异非常大。

如果从提炼共性的视角出发，我们也不难看出，不论哪家企业，它们在实践时都能从自己的视角出发定义人才管理的概念。

- 基于业务战略的视角。人才管理是在合适的环境下、合适的角色上安排合适的人员，以达成最佳业务绩效和目标，强调将人才管理与业务战略有机结合。
- 基于功能整合视角。人才管理是外部招聘、筛选和内部发展与激励、保留等人力资源管理方式的综合应用，强调系统性和整体性。

● 基于人才池的视角。人才管理是根据战略经营目标，将合适的人、合适的工作、合适的时间有机地联系起来，强调人才供应的连续性。

任正非提出，华为的人才管理愿景是用人才管理奠定未来胜利的基础。人才、组织、文化、激励共同构成了人力资源管理价值的 4 个维度（见表1-1），其中人才管理以人为核心，通过管理人才规划及实施、聚焦关键人群，提升人才的质量，满足数量要求，以此支撑人力资源战略。

表1-1　华为人力资源管理价值的4个维度

组织	人才
● 管理作战形态与权力分配 ● 管理组织规模	● 管理人才规划及实施（人才获取、人才流动、人才任用、人才发展、人才激励、人才监管） ● 聚焦关键人群，提升人才质量，满足数量要求
激励	文化
● 管理物质激励与非物质激励	● 将核心价值观植入人力资源管理实践中，落实到组织和员工行为上，让客户感知企业文化

华为人才管理的整体架构是一个包括人才规划、人才管理实施、人才管理评估及持续改进的 PDCA 全闭环（见图 1-1）。

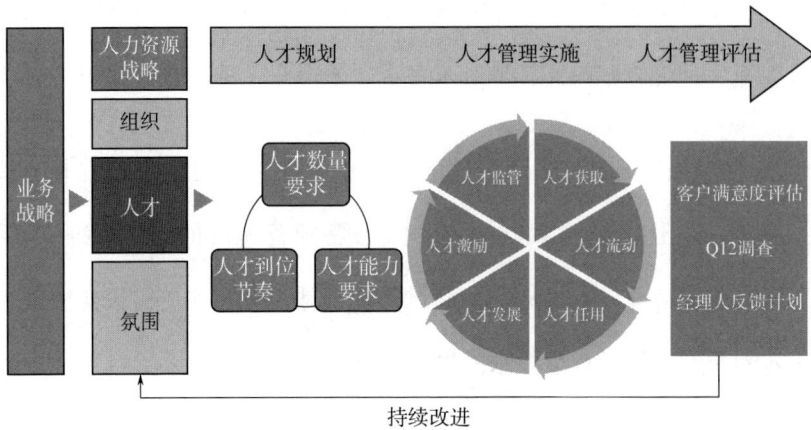

图 1-1　华为人才管理整体架构

为便于理解，我们对整个架构进行解读：

● 人才规划的来源是业务战略和人力资源战略；

● 人才规划应包括人才数量要求、人才能力要求及人才到位节奏；

● 人才管理实施的维度包括人才获取、人才流动、人才任用、人才发展、人才激励和人才监管 6 部分；

● 人才管理评估应至少包括客户的评价（客户满意度评估）、组织的评价（Q12 调查）及管理者周边评价（经理人反馈计划）；

● 人才管理评估的持续改进有利于优化人才资源战略。

人才管理是华为的核心竞争力

1997 年，在《华为基本法》的起草过程中，起草小组的一位教授问任正非："人才是不是华为的核心竞争力？"任正非的回答非常出人意料："人才不是华为的核心竞争力，对人才有效管理的能力才是企业的核心竞争力。"

可能有人要问：企业管理涉及人、财、物等方方面面的管理，为什么说人才管理关系到企业的核心竞争力呢？实际上，这是由人才管理的重要作用决定的。

（1）人才管理是发挥企业功能的催化剂。企业是由个体组成的，人才是企业最富有能动性的宝贵资源，同时又是最难驾驭的生产经营要素之一。因此，企业需要有效的人才管理使人才与企业内外部环境相适应，促进企业功能的有效发挥。企业规模越大、分工协作越精细，人才管理工作对于企业的价值也就越重要。

（2）人才管理是企业实现目标的重要保证。企业发展要有目标，个人工作、生活也要有目标。人才管理的作用在于将企业的目标转化、分解为人才个体的任务目标，并将其合理地组合、协调。通过这一转化分解、组合协调的过程，企业的目标得以落实到个体；通过个人潜力发挥、个人任务完成的过程，企业实现了既定的工作目标。举一个比较直观的例子：在一个交响乐队中，每名乐手都有自己擅长和喜欢的曲目，如果没有指挥，他们的组合就不能被称作交响乐队，其演奏效果也就无从保证。同样，企业如果不在人才管理上多下功夫，则必然会出现人与人、部门与部门之间不和谐、不协调的情况，也必然会影响企业实现其发展目标。

华为人才管理的基本理念

21 世纪什么最贵？人才！没有人才的支持，无论怎样宏伟的蓝图、怎样引人注目的企业战略，都无法得以真正实施，无法取得最终成果。华为内涵丰富而独到的人才管理理念一直被企业界奉为经典，任正非关于人才的讲话亦被外界反复传播、研读。《哈佛商业评论》曾指出："文化与核心价值观，是华为成功的关键"，华为的人才观始终贯穿于华为的文化与核心价值观中。华为公司高级管理顾问、中国人民大学商学院教授黄卫伟对此做了详尽的解读。

第一，华为是一家主要依靠知识劳动者和企业家创造价值的公司。华为没有上市，没有直接融资的渠道，所以，资本在华为价值创造过程中处于相对次要的地位。那么，华为公司的价值到底是什么要素创造的？从华为的人员结构来看，真正在生产线上完成作业功能的人员占比很低；从财富创造要素的角度来看，华为公司的价值主要是知识员工和企业家创造的。任正非对此曾指出，"华为没有可以依存的自然资源，唯有在人的头脑中挖掘出大油田、大森林、大煤矿……""资源是会枯竭的，唯有文化才会生生不息"。

第二，华为强调人力资本增值的目标优先于财务资本增值的目标。华为不追求利润最大化，不追求股东价值最大化，而是把公司的长期有效增长作为首要目标。在华为的投入结构中，人力资本的投入处于优先、超前的地位，有人力资本的投入，才有财务资本的增长和高投资回报。从当期的损益来看，人力资本的超前投入会增加短期成本，大量招人会增加工资支出和期间费用支出，有可能减少公司的当期收益；但从长期来看，这么做能抓住机会、创造机会，增加企业的长期收益和价值。

第三，从吸引人才的角度看，华为更加注重放眼全球，广纳人才。华为已经是一家全球化的公司，其人才不仅来自中国，而且来自世界其他地方。

以华为财经体系为例，现在华为财经体系中有数百名来自牛津大学、剑桥大学、哈佛大学、耶鲁大学等著名大学的优秀毕业生。2016 年，财经体系招聘了近 340 名留学生，占财经体系当年校园招聘指标的 38%。这些毕业于世界名校的新员工，普遍的品质是"能吃苦""懂得珍惜""时间管理能力强""融入团队快"。他们身上的艰苦奋斗精神与华为的核心价值观高度契合，他们的加入使华为的员工队伍更加多元化，而这支融合了多元文化的员工队伍更具包容性和创造性。

第四，华为的核心价值观强调以奋斗者为本。所谓"以奋斗者为本"，就是不让奋斗者，特别是奉献者吃亏。黄卫伟引述任正非的讲话说："华为已明确员工在公司改变命运的途径有两个：一是奋斗，二是贡献。员工个人的奋斗可以是无私的，而企业不应让奉献者吃亏。要使这个文化落实到考核和分配的细节中去，血脉相传。"

第五，华为注重处理尊重个性与集体奋斗的关系。华为文化的真正内核就是群体奋斗，其形象的表述是"胜则举杯相庆，败则拼死相救"，所以员工要想在华为大有作为，必须融入团队。个人处在华为集体奋斗的文化氛围中，就像"蓬生麻中，不扶而直"。需要强调的是，集体奋斗并不压抑个性，反而为个性的充分发挥搭建了一个广阔的平台。事实上，只有团队成员的个人潜能得以充分发挥，才有团队的卓越表现。

第六，华为强调用人所长，英雄不问出处。现实生活表明，优点突出的人往往缺点也很突出。所以，华为在选拔各级干部时，强调多看优点、多看业绩、多看主流；提拔干部不把学历、学位、资历看得过重，坚持责任结果导向。近年来，随着大量高素质员工的加入，华为更加强调大胆提拔业绩优秀的年轻干部。

第七，华为的内部调查表明，高素质人才更注重个人成长和工作的意义。我们经常听到有人提出"华为的员工为什么愿意艰苦奋斗，为什么愿意做出牺牲"这样的问题，概括起来说，华为的员工艰苦奋斗的原因主要来自3个方面。一是为了自己和家人的幸福。近两年，华为的人均年薪水平已经接近信息与通信技术（Information and Communications Technology，ICT）行业世界顶尖公司的水平，同时华为还实行员工持股计划（Employee Stock Ownership Plans，ESOP），持有华为公司股份的员工超过10万人，他们每年可以获得较高的分红回报。二是高度认同公司的使命和愿景，并愿意为公司成为世界ICT行业的领导者而奋斗。华为的员工为公司取得的卓越成就感到自豪，公司的远大目标赋予员工奋斗的意义。三是来自创造性工作本身的挑战、乐趣、成就感和自我实现。员工认为他们在华为的工作正在改变世界。

任正非在20世纪90年代就意识到了人力资本的重要性，他在《华为基本法》中创造性地提出"人力资本不断增值的目标优先于财务资本增值的目标"这一独特观点，也从根本上奠定了华为人才管理的基本理念。

人力资本是指劳动者通过教育、培训、实践经验、迁移、保健等方面的投资而获得的知识和技能的积累，亦称"非物力资本"。在知识经济时代，人才、信息、智力的集成组合已成为决定企业竞争发展水平的决定性因素，作为"活资本"的人力资本，富有创新性、创造性，具备有效配置资源、调整企业发展战略等市场应变能力，因此，人力资本比物质、货币等硬资本具有更大的增值空间。

越是面对前途的不确定性，越需要探索和创造。谁在发挥创造力？答案是人才。面对不确定的未来，华为秉持 3 个观点：一是"炸开"人才金字塔塔尖，与世界交换能量；二是鼓励探索，宽容失败；三是英雄不问出处，贡献必有回报。

华为从 1987 年成立至今，先后经历了 4 个发展阶段。

第一阶段：1987—1991 年。这一阶段为华为创业初期。实力弱小的华为实现了由代理销售用户交换机到自主研发用户交换机的转型，在这一时期华为员工尚不足百人。

第二阶段：1992—1999 年。华为开始研发并推出农村数字交换解决方案，其"聚焦农村"的发展战略使企业产值实现了快速增长。1995 年，华为销售额已达 15 亿元，且主要来自中国农村市场；1995 年以后，华为逐步将市场拓展到中国主要城市，并在中国电信设备制造领域形成了"巨大中华"（巨龙、大唐、中兴、华为）四分天下的格局；在这一历史时期，随着北京研发中心、各省级代表处、市级办事处等机构的成立，华为员工由几百人发展到约 1.2 万人。

第三阶段：2000—2010 年。华为聚焦全球发展，海外销售额逐步超过了国内销售额。华为于 2010 年成为全球排名第二的通信设备供应商（第一是爱立信），在这一时期，华为先后在 100 多个国家及地区设立了办事处，并在美国、瑞典等国设立了一批研发中心，其员工数量在 2010 年年底达到了约 9 万人。

第四阶段：2011 年至今。华为年报提出了"手机替代个人电脑成为信息中心""云计算促进 IT 二次变革"等理念，华为在继续深化运营商业务、企业业务的同时，快速将产业布局转向消费者业务和云服务业务，将手机、平板电脑等业务作为新的增长点，一跃成为全球最大的通信设备供应商。在这一时期，由于业务的战略性拓展，华为对人员的需求不断增加，员工规模截至 2019 年年底约为 19.4 万人。

在华为各个业务领域中，研发人员占比约为 45%，市场销售与服务人员占比约为 33%，生产人员占比约为 13%，管理人员占比约为 9%。

在华为的不同发展时期，公司"偏爱"的人才有着相当不同的气质。

- 在华为创业初期，任正非提出："华为就是要发展一批'狼'，他们要具有敏锐的嗅觉，不屈不挠、奋不顾身的进攻精神，群体奋斗的意识。"在这一阶段，华为需要的是努力拼搏、奋斗和吃苦耐劳的精神。

- 在华为扩张阶段，任正非提出："各级'主管'均要从'主战部队'中的'主战人员'中选拔，（要选拔）有'战功'、有持续贡献能力、有自我约束本事的。直至以后的轮值董事长、接班人，均从主战人员中选拔。"在这一阶段，华为需要的是能持续奋斗、能打胜仗、能持续在主战场上做出成绩的人才。

- 在华为屹立于行业领先地位，进入"无人区"探索时，任正非提出："应对不确定性，主要靠的是大批朝气蓬勃、思想开放的青年才俊来一起创造未来。"在这一阶段，华为需要的是能创新、有思想、敢于探索和突破的人才。

秉持人力资本优先于财务资本的观点，华为在多年的人才管理实践中扎实地开展了大量体系化工作，比如：明确人才标准、构建核心岗位角色模型、建立干部四力模型和干部管理体系、强化训战结合等。这些工作很难在当期得到投资回报，无法体现其财务价值，但从长远来看，人力资本的投资效益得到了放大。目前，华为的 3 位轮值董事长均为华为自己培养的，华为董事会和监事会层面无任何空降高管。华为为核心岗位储备了很多人才，岗位与储备人才的比例达到了 1∶3，即 1 个岗位就有 3 个内部候选人可供选择。正是这样强大的人才实力，支撑了华为业务的快速发展，让华为在没有硝烟的战场上一路狂奔，超越强大的竞争对手，成为行业领军企业。

第二章

华为人才管理哲学

我这个人啥都不懂，不懂技术，不懂管理，不懂财务，不就是用"一桶胶水"把你们组合在一起，又组合了 18 万员工，为我所用不就行了吗？

——任正非

"以客户为中心，以奋斗者为本，坚持艰苦奋斗"是当前已为很多企业所熟悉的华为核心价值观。在许多企业管理专家的眼中，华为的核心价值观简洁而有深度，体现了华为的人才管理哲学。华为坚持"积极、多元、开放"的人才观，构建公司与人才同创共赢的人才管理机制。

　　华为的核心价值观体现了任正非在企业经营中一直秉持的两大底层逻辑。第一是商业逻辑：以客户为中心。一家公司的成功在很大程度上取决于其商业逻辑是否走得通。商业逻辑的本质又是什么呢？那就是如何更好地满足客户需求。第二是人性逻辑：以奋斗者为本。企业所有的价值活动都是由人创造的，那么如何发挥人的主观能动性，如何抵制人的贪婪、懒惰、依赖、自私，如何让所有人抵制心魔、提升自己的内驱力，把工作做好呢？这就需要理解人性，用合理的管理机制去激发人性。人性假设是人力资源理论体系的本质和底层逻辑，只有客观认识人性、理解人性，才能有效构建人才管理体系，以此激发员工的工作热情，调动员工的工作积极性和主动性。

"人性假设理论"的提出者道格拉斯·麦格雷戈（Douglas McGregor）经过长期的研究后，在 1957 年 11 月的美国《哈佛管理评论》杂志上发表了《企业中的人性面》（*The Human Side of Enterprise*）一文，提出了著名的"X 理论–Y 理论"。

> **X 理论对应的是一种专制型管理。**
>
> 假设绝大多数人厌恶劳动，并尽可能地设法逃避劳动，一般的奖酬远不足以使他们振奋精神，热爱工作。因此，要保证管理活动的有效性，只有采取强制、监控和胁迫的方式。管理者的作用是制造一种充满依赖感和畏惧感的气氛，以使成员尽最大努力来工作。

> **Y 理论对应的是人道型、帮助型管理。**
>
> 假设人并不是怠惰的，他们的表现都是他们对组织的感受和以往经验带来的结果。如果管理者能营造合适的环境供员工发挥潜力，那么工作对他们来说犹如游戏、娱乐一般自然。在实现承诺的过程中，他们会自我调节、自我控制。管理者要尽量为工作中的人营造一种能让他们发挥潜力的环境。

总结来说，X 理论和 Y 理论的区别在于对人性的根本性理解，X 理论认为人性本恶，Y 理论认为人性本善。

1970 年，约翰·J. 莫尔斯（John J. Morse）和杰伊·W. 洛希（Jay W. Lorsch）两位学者经过实验证明麦格雷戈的这一观点是不正确的，他们在

《哈佛商业评论》上发表了《超 Y 理论》一文，提出了著名的"超 Y 理论"。

> **超 Y 理论认为，企业应根据实际情况灵活地采用不同的管理方法。**
>
> 人们是带着不同的需要和动机加入工作组织的，不同的人对组织管理方式的要求是不同的。组织目标、工作性质、职工素质等与组织结构和领导方式有很大的关系。

任正非提出，"没有正确的假设，就没有正确的方向"。假设是很重要的，有效的政策一定是基于正确的人性假设的。《华为基本法》第六十五条提出："华为绝大多数员工是愿意负责和愿意合作的，是高度自尊和有强烈成就欲望的。"华为在招聘人才时有一个标准要求："服从组织规则"。若要给华为的人才画一幅画像，这个群体最重要的三大特征是：有奋斗精神，有成就导向，高度自律和自觉。所以，对这样一群人的管理应更多地从价值观牵引、提供能发挥能力的平台、赋予他们有成就感的工作入手，并辅之以有效的监管体系，从而达到让人才在良性约束下自由发挥潜能，创造最大价值的效果。

作为一家高科技公司，华为很早就构建了完善的管理流程和 IT 系统，所有的基础管理工作都依赖于系统而非人。华为的管理有规范的制度及严格的纪律约束。尽管华为早期的管理制度带有较多的不信任色彩，但在 2018 年《华为人力资源管理纲要 2.0》出台后，任正非在内部研讨会上强调未来华为的管理体系将转变为信任体系，在内、外合规的情况下多"产粮食"，减少不必要的汇报、报表，让作战的力量多用在"产粮食"上。不论是早期的不信任体系，还是现在的信任体系，华为始终在强调激励的重要性。华为树立了明确的价值观，并以制度建设与之相匹配，如此一来，生产力就被释放出来，形成了"力出一孔，利出一孔"的局面。

近几年，为顺应移动互联网时代的特点，华为提出"开放创新"的口号，吸纳全球人才，构建"为我所知、为我所用、为我所有"的全球能力布局，以此打破组织边界，建立由内外部人才市场拉通的人才供应体系。华为的人才管理哲学可以用"六个导向"来做一个总结。

- 战略导向：坚持资源聚焦战略方向，导向"冲锋""千军万马上战场"。
- 能力导向：坚持获取适合华为的优秀人才，优秀的人才是驱动公司业务变革和持续获得商业成功的重要保障。
- 公平导向：坚持公开、公正的选拔，给所有人公平的机会，绝不允许徇私舞弊。
- 激活导向：支持员工在全产业链内流动，将最优秀的资源部署在最需要的地方，激发员工内在动力，人尽其才，人尽其责。
- 价值导向：坚持人才贡献大于成本，人才的价值要通过贡献大于成本体现，每年坚持做一定比例的不合格调整。
- 开放导向：坚持团结一切可以团结的力量，"一杯咖啡吸收宇宙能量"，打造全球最佳工作平台。

致新员工书

在华为新员工培训的教材里，几十年保持不变的一个模块是任正非的一篇文章《致新员工书》，这篇文章是任正非给所有加入华为的新员工的第一封信。文章第 1 版是 1994 年写的，中间经过了多次迭代，但主体内容没有发生改变。虽然这是任正非写给华为的新员工看的，但其内容对于从高校毕业进入职场的新人以及从其他企业新进入华为，甚至已经在华为工作一段时间的员工来说，都具有很高的学习价值。下面是这封信的全文。^{（一）}

您有幸加入了华为公司，我们也有幸获得了与您合作的机会。我们将在相互尊重、相互理解和共同信任的基础上，与您一起度过在公司工作的岁月。这种尊重、理解和信任是愉快地进行共同奋斗的桥梁与纽带。

华为公司共同的价值体系，就是要建立一个共同为世界、为社会、为祖国做贡献的企业文化。这个文化是开放的、包容的，不断吸纳世界上优良文化和管理的。如果把这个文化封闭起来，以狭隘的自尊心、狭隘的自豪感为主导，排斥别的先进文化，那么华为一定会失败。这个企业文化黏合全体员工团结合作，走群体奋斗的道路。有了这个平台，您的聪明才智方能得以很好发挥，并有所成就。没有责任心、缺乏自我批判精神、不善于合作、不能群体奋斗的人，等于丧失了在华为进步的机会，那样您会空耗了宝贵的光阴。

公司管理是一个矩阵系统，运作起来就是一个求助网。希望你们成为这个大系统中一个开放的子系统，积极、有效地既求助于他人，同时又给予他人支援，这样您就能充分地利用公司资源，借助别人提供的基础，吸取别人的经验，很快进入角色，很快进步。求助没有什么不光彩的，做不

（一）此书中引用的是 2015 年修订版本。

好事才不光彩，求助是参与群体奋斗的最好形式。

实践是您水平提高的基础，它充分地检验了您的不足，只有将其暴露出来，您才会有进步。实践再实践，尤其对青年学生十分重要。只有实践后善于用理论去归纳总结，才会有飞跃的提高。要摆正自己的位置，只有不怕做小角色，才有可能做大角色。

我们呼唤英雄，不让"雷锋"吃亏，本身就是创造让各路英雄脱颖而出的条件。雷锋精神与英雄行为的核心本质就是奋斗和奉献。雷锋和英雄都不是超纯的人，也没有固定的标准，其标准是随时代变化的。在华为，一丝不苟地做好本职工作就是奉献，就是英雄行为，就是雷锋精神。

实践改造了也造就了一代华为人。"您想做专家吗？一律从基层做起"已经在公司深入人心。一切凭实际能力与责任心定位，对您个人的评价以及应得到的回报主要取决于您的贡献度。在华为，您给公司添上一块砖，公司给您提供走向成功的阶梯。希望您接受命运的挑战，不屈不挠地前进，您也许会碰得头破血流，但不经磨难，何以成才！在华为改变自己命运的方法，只有两个：一是努力奋斗；二是做出良好的贡献。

公司要求每一位员工，要热爱自己的祖国，热爱我们的民族。只有背负民族的希望，才能进行艰苦的搏击而无怨无悔。总有一天，我们会在世界舞台上占据一席之地。但无论何时、何地都不要做对不起祖国、对不起民族的事情。不要做对不起家人、对不起同事、对不起您奋斗的事业的人。要模范遵守所在国家的法规和社会公德，要严格遵守公司的各项制度与管理规范。对不合理的制度，只有修改以后才可以不遵守。任何人不能超越法律与制度，不贪污、不盗窃、不腐化。严于律己，帮助别人。

您有时会感到公司没有您想象的公平。真正绝对的公平是没有的，您不能对这方面抱有太高的期望。

但在努力者面前，机会总是均等的，要承受得起做好事反受委屈的不公。"烧不死的鸟就是凤凰"，这是华为人对待委屈与挫折的态度和挑选干部的准则。没有一定的承受能力，今后如何能挑大梁？其实一个人的命运，就掌握在他自己的手中。生活的评价是会有误差的，但决不至于黑白颠倒，差之千里。要深信，是太阳总会升起，哪怕暂时还在地平线下。您有可能不理解公司而暂时离开，我们欢迎您回来。

世上有许多"欲速则不达"的案例，希望您丢掉速成的幻想，学习日本人踏踏实实、德国人一丝不苟的敬业精神。现实生活中能精通某一项业务是十分难的，您不必面面俱到地去努力，那样更难。干一行，爱一行，行行出状元。您想提高效益、待遇，只有把精力集中在一个有限的工作面上，不然就很难熟能生巧。您什么都想会、什么都想做，就意味着什么都不精通，做任何一件事对您都是一个学习和提高的机会，都不是多余的，努力钻进去，兴趣自然在。我们要造就一批业精于勤、行成于思，有真正动手能力和管理能力的干部。机遇偏爱踏踏实实的工作者。

公司永远不会提拔一个没有基层经验的人做高层管理者。遵循循序渐进的原则，每一个环节对您的人生都有巨大的意义，您要十分认真地去对待现在手中的任何一项工作，十分认真地走好职业生涯的每一个台阶。您要尊重您的直接领导，尽管您也有能力，甚至更强，否则将来您的部下也不会尊重您。长江后浪总在推前浪。要有系统、有分析地提出您的建议，您是一个有文化者，草率地提议，对您来说是不负责任的，也浪费了别人的时间。特别是新来者，不要下车伊始，动不动就哇啦哇啦。要深入、透彻地分析，找出某个环节的问题，找到解决的办法，踏踏实实地一点一点地去做，不要哗众取宠。

为帮助员工不断超越自我，公司建立了各种培训中心。培训很重要，它是贯彻公司战略意图、推动管理进步和培训干部的重要手段，是华为公司走向未来、走向明天的重要阶梯。你们要充分利用这个"大平台"，努力学习先进的科学技术、管理技能、科学的思维方法和工作方法，培训也是你们走向成功的阶梯。当然您想获得培训，并不是没有条件的。

物质资源终会枯竭，唯有文化才能生生不息。一家高新技术企业，不能没有文化，只有文化才能支撑它持续发展，华为的文化就是奋斗文化，它的所有文化的内涵，都来自世界、各民族、伙伴……甚至竞争对手的先进、合理的部分。若问华为有没有自己的核心文化，那可以说剩下的奋斗与牺牲精神算是我们自己的吧！其实奋斗与牺牲也是从别人那里抄来的。有人问我，您形象地描述一下华为文化是什么。我也不能形象地描述什么叫华为文化，我看了电影《可可西里》，以及残障人士表演的节目"千手观音"后，我想他们的精神就叫华为文化吧！对一个新员工来说，要融入华为文化需要一个艰苦的过程，每一位员工都要积极主动、脚踏实地地在做实事的过程中不断去领悟华为文化的核心价值，从而认同直至消化、接纳华为的价值观，使自己成为一个既认同华为文化，又能创造价值的华为人。只有每一批新员工都能尽早地接纳和弘扬华为的文化，华为文化才能生生不息。

华为文化的特征就是服务文化，谁为谁服务的问题一定要解决。服务的含义是很广的，总的是为用户服务，但具体来讲，下一道工序就是用户，就是您的"上帝"。您必须认真地对待每一道工序和每一个用户。任何时间，任何地点，华为都意味着高品质。希望您时刻牢记。

华为多年来铸就的成就只有两个字——诚信。诚信是生存之本、发展之源，诚信文化是公司最重要的无形资产。诚信也是每一位员工最宝贵的财富。

业余时间可以安排一些休闲活动，但还是要有计划地读些书，不要搞不正当的娱乐活动，为了您成为一个高尚的人，望您自律。

我们不赞成您去指点江山，激扬文字。目前，在中国共产党的领导下，国家政治稳定、经济繁荣，这就为企业的发展提供了良好的社会环境，我们要十分珍惜。21 世纪是历史给予中华民族一次难得的振兴机会，机不可失，时不再来。"21 世纪究竟属于谁"，这个问题的实质是国力的较量，国家间的竞争归根结底是在大企业和大企业之间进行的。国家综合国力的增强需要由无数大企业组成的产业群去支撑。一个企业要长期保持在国际竞争中的优势，唯一的办法便是拥有自己的竞争力。如何提高企业的竞争力，文章就等您来做了。

希望您加速磨炼，茁壮成长，我们将一起托起明天的太阳。

——任正非

这封《致新员工书》已经成了华为新员工培训的纲领性文件，具有很强的指导意义。对于刚刚走出校园的学生而言，经过几个月的新员工培训，他们会产生脱胎换骨式的转变。企业需要关注的是，一个有着学术性思维和发散性意识的职场"毛坯"，经过几个月的文化培训、技术培训，以及与客户理念相关的培训，能否成为一个真正的企业人、职业人。

在工作以外，华为也希望帮助新员工，让他们最核心的人生观、价值观，朝着理性的方向发展。用奉献、奋斗、没有绝对公平、一步一个脚印、服务意识、基层经验等华为文化的基石，对职场新人和社会新人进行指导，这也是华为新员工培训中一个非常重要的目标。

同时，对社会来说，这也是很有价值的。进入华为的新员工通过华为文化的引导，除了能提升自身的素质，还能对周边环境产生正面的推动作用，并且，随着华为影响力的日益提升，这样的促进作用会不断增强。

经过这样的培训，无论是新员工的工作态度、职业道德还是其工作能力、专业技能，都在短时间内有了脱胎换骨式的转变。新员工从充满各种幻想的、刚走出象牙塔的"学院派"快速转变为脚踏实地、辛勤努力的"职场精英"。这也是这封《致新员工书》从诞生之日起就一直被不断传阅，并且根据时代发展做了多次修订的原因。

不拘一格降人才

经过 30 多年的发展，华为已发展成为一家有超过 19 万名员工的大公司，发展至今，华为难免会有大公司病：人才结构板结，小马拉大车，同时内部出现"阶层固化、人员流动平移化、研发创新减慢"等各种老化现象。要想解决这些问题，关键是如何通过新举措克服组织活力不够的状况。

任正非说过，华为公司的胜利是人力资源政策的胜利。华为的管理者意识到了上述问题，因此，华为的人力资源政策已经在朝着熵减○、激活组织的方向进行变革，如鼓励冲锋、防止怠惰等。

在人才发展方面，华为采用人才双金字塔体系，不同职级对应不同的任职标准。华为坚持人才金字塔的不同层级均有精英，而不是仅仅将人才聚拢在金字塔塔尖的部分。华为通过优化人才政策激发精英活力，形成组织合力，提高工作质量、效率及组织效益。围绕金字塔各层级的精英人才的发现和培养，要求各级主管主动寻找各业务板块的精英人才，激活小金字塔的潜能，促进个人和企业的共同发展，最后分享组织成功的回报。

在人才选拔方面，华为坚持不拘一格降人才。英雄不问出处，华为不计较背景和资历，一切以结果为导向，以是否为客户创造价值为标准，以是否为组织创造贡献为依据。自 2018 年 4 月起，华为开始加速拓展优秀人才的成长空间，打通员工的上升通道，实事求是地根据员工的责任结果提升其职级。

与时俱进的人才选拔政策给华为的"黑土地"松了土，让土壤更加肥沃了，而有了肥沃的黑土地，才能种什么活什么，才能让更多创新业务发展起来。近些年，华为破格提拔员工的规模是空前的，仅 2018 年就破格提拔了6000 人。破格提拔能激发全员的斗志。破格提拔几百人，会有新气象；破格

○ 熵是衡量世界中事物混乱程度的指标。热力学第二定律认为，孤立系统总是存在从高有序度向低有序度转变的趋势，这就是熵增的原理。熵减则与之相反。

提拔几千人，公司面貌则会大有改观。小马拉大车，难，但如果小马的数量足够多、小马足够优秀，大车也能快跑。

华为成立 30 多年来，"不拘一格降人才"的例子并不少见，其中为大家所熟知的就是曾经被视为"华为接班人"的李一男。1985 年，李一男考入华中理工大学^一少年班。1992 年，在读研究生二年级时，李一男来到华为实习，并在研究生毕业后正式加入华为。李一男之后的经历堪称传奇：两天之内，他从一个普通员工晋升为工程师；两周后，他被破格提拔为高级工程师；半年之后，他又被提拔为华为中央研究院副总裁。

随着 C&C08 交换机的研发和在国内市场上取得成功，25 岁的李一男又被提拔为华为中央研究部总裁，同时兼任华为总工程师。两年之后，27 岁的李一男成为最年轻的常务副总裁。这样平步青云般的晋升轨迹，使李一男是"任正非接班人"的传闻不胫而走。

进入 21 世纪以后，华为在选拔流程中实行少数服从多数的表决制，各部门向上级团队表达的应该是团队的集体意见，且须做公开汇报，并非点对点私下沟通。公司破格提拔的目的是想让真正优秀的人脱颖而出，去担责做贡献。华为要求主管为破格提拔的后果负责，两年内，推荐人对破格提拔的人才承担连带责任。道德遵从委员会对干部选拔享有一票否决权，但否决期只有 6 个月，6 个月后可以重新提名干部，之前提到的问题

一 2000 年，华中理工大学、同济医科大学、武汉城市建设学院合并，成立华中科技大学。——编者注

若已改正，便不再否决，就可以再次启动选拔流程。任正非通过设定干部管理机制，确保不随意否定任何一个冲锋的干部，以促使"千军万马上战场"。

在人才晋升方面，任正非提出要加快卓有贡献的中高级干部、专家的晋升步伐，并确定了未来 10 年公司各岗位职级任职资格的平均年龄每年都下降 1 岁的目标。为此，华为必须选择有贡献的员工进入战略后备队，在后备培训中再选择 20% ～ 30% 学习好的员工，将他们集中投入最困难、最不确定的项目中，再在成功实践中选拔杰出的人才。

在人才能力方面，华为明确要求"少将连长"⊖首先必须是"少将"，必须具有管理确定性的能力，对不确定性事件有清晰的视野与方向，"连队"也必须具有"师"一级的火力；机关的主管，必须拥有成功的实践经验，而且必须不断循环地上"战场"，通过走进前线、实际了解业务，提升"作战"能力；同时，这么做也会对年轻"苗子"有直接的感染力，能发挥非常有力的传帮带⊜作用。

不拘一格降人才，要努力识别并破格提拔有业绩、有潜力的年轻人，让

⊖ 少将连长有两层意思。第一是高级干部下到基层一线，当基层主管，带小团队冲锋陷阵，充当尖兵；或者如同重装旅，作为资源池，到一线协调指挥重大项目、建立高层客户关系、建设商业生态环境，充分发挥老干部的优势。第二是"连长配了个少将衔"，就是提高一线人员的级别，一线基层主管、骨干因为优秀而被破格提拔，职级、待遇等达到了很高的水准，这样会引导优秀人才到一线、长期奋斗在一线，企业可以逐渐筛选出优质资源直接服务客户，从而创造更大的价值。
⊜ 指前辈对晚辈、老手对新手等在工作或学习中亲自传授文化知识、技术技能、经验经历等。——编者注

他们跑步上岗，在战斗中学习战斗，华为通过这些做法加速新老结合并抑制组织老化现象蔓延。近几年的实践证明，华为干部年轻化已是常态。根据华为的统计，在担任国家 CEO 的人员中，41.4% 是 30 岁出头的年轻人，他们管理的业务规模从 10 亿到 100 亿元不等；在研发领域的专家中，70% 是"80 后"。

推动内部人才的流动

华为坚持人才"之"字形成长的发展路径，通过构建人才的内部循环机制，以及"'炸开'人才金字塔塔尖、与世界交换能量"的外部循环机制激活人才，促进人才有序流动。前面提到的"不拘一格降人才"是一种破格提拔的制度，是拉的力量；而推动内部人才的流动，转人磨芯○，则是一种推的力量。

2013 年，华为人力资源管理部发布了《华为公司内部人才市场管理规定（暂行）》文件。根据该文件的规定，内部人才市场将成为公司范围内，实现内部人力资源有序流动的一种机制和平台，以任职资格为上岗条件，实现岗位需求与员工意愿之间的双向选择和匹配。通过内部人才市场机制，人力资源能在不同部门、岗位间得到合理的配置，从而解放内部生产力，充分调动员工的积极性和主动性，使员工能够"爱一行、干一行、钻一行"，最大限度

○ 来自任正非 2018 年 4 月 26 日在战略预备队述职会上的讲话，意思是通过战略预备队的赋能实现人才思想的转变，磨砺人才，使人才发生转变，以不断激活组织，优化资源配置，持续保证团队作战能力。

地贡献个人的力量与价值。同时，通过内部人才市场机制，华为人力资源管理部结合人力资源管理信息公开的优势，促进各级主管切实提高自身管理水平，改变那种利用组织赋予的职权和信息不对称等情形，对下属进行简单管理的方式，从而促使各级主管更加客观、公正地评价员工，激励和保留优秀员工，大胆管理落后员工。

为支撑华为三大主航道业务[⊖]，华为主动精减非主航道、非战略机会点项目的编制，将人才输送到战略机会点去争夺拼抢。在消费者业务方面，华为通过构建 1∶1∶1（内部专业人员∶外部业内人士∶应届毕业生）的混凝土组织，形成强有力的"混合兵种"。

任正非在内部讲话中提到，各领域中的颠覆者往往都是外行。在一些战役进行到最后时刻，常常由卫生兵、炊事员、理发员、警卫员、通信兵等人组成"杂牌部队"投入战斗，成为赢得胜利的力量。因此，各级主管要有全局观，让干部循环流动起来，处于主战场的各部门不要排斥因其他项目调整进入本部门的骨干，不要挑剔他们的专业不合适，年轻人从事的工作往往与他所学的专业无关。

对于各个领域中的专业人员，华为要求他们进入公共洪流去锻炼：研发、市场、财务、全球技术服务中心（GTS）……各环节都要打通。财务人员一定要懂业务，高级干部也要懂财务，否则他们不能发挥主动性，不能成长为

⊖ 指华为 2011 年组织变革后形成的三大业务群（Business Group, BG），分别为运营商业务群、企业业务群、消费者业务群。2017 年，华为成立云业务（Business Unit, BU）；2019 年，成立智能汽车解决方案业务；2020 年，华为云业务被进一步升级为 Cloud & AI 业务群。

高级干部。除了少数技术专家可以深入专业研究中，大多数人都应该循环成长，从而提升自己的综合能力。

华为打通人才内部循环的一个成功例子来自现任消费者业务 CEO 余承东。他于 1993 年加入华为，从研发做起，历任 3G 产品总监、无线产品行销副总裁、无线产品线总裁、欧洲片区总裁、战略与市场体系总裁等。后来，在华为成立消费者业务的时候，他被任命为消费者业务总裁，带领团队将华为消费者业务板块从无到有、从小到大、从大到强地发展了起来。

当然，华为并不是所有的岗位都需要流动，总体而言，华为追求的是"人才的流动"，而不是"人员的流动"，对于很多基层员工，如生产、共享服务中心（SSC）等部门的员工，改进流程、降低对人员的要求，反而是更重要的企业经营策略。

总之，华为提倡干部要不断深入实践，在实践中寻找新的线索和发展。干部一定要流动起来，只有流动才能全面提高自己的综合能力和管理能力。不流动，就吸收不了别人的优点；不锻炼，就无法提升自己的综合能力和管理能力。

"炸开"人才金字塔塔尖，与世界交换能量

在人才雇用资本的年代，资本要附着在人才的身上才能够保值增值。华为基于多年的人才管理实践，对人才管理进行了大胆的变革。

● 在组织结构上"炸开"人才金字塔塔尖，打破天花板。华为的人才机制

是金字塔结构，金字塔是最稳定的建筑结构。在工业时代，人才金字塔结构的优点显而易见：有秩序、有层级、分工明确、效率高。而数字时代，这种人才金字塔结构是有缺陷的：封闭、与外界没有能量交换、层级严密、内生、不利于创新。另外，金字塔塔尖很小，只能容下少数人，容不下更多的人才。所以任正非提出："把人才金字塔塔尖'炸开'，无限扩大外延，使内生领军人物辈出，外延天才思想云集。"这样，更多华为的商业领袖、战略领袖和技术领军人物，能够不断站上来，使组织永葆活力。同时，华为的人才可以与外部专家、科学家、国际组织、标准组织、产业组织进行交流。这些交流会产生火花，这些火花无论被谁应用，都能对社会产生贡献。总之，"炸开"人才金字塔塔尖，是为了形成更加开放的人才系统和组织架构，容纳世界级人才，打开各类人才的上升通道。

- 在全球部署不同主题的能力中心，基于人才构建组织。华为在俄罗斯做数学算法研究，在法国做美学研究，在日本研究材料应用，在德国研究工程制造，在美国研究软件架构……在全球建立了 36 个联合创新中心、14 个研究机构，外籍专家占比达 90%。为了获取全球最佳人才，华为在一些核心能力的构建上充分以人为中心。例如在意大利米兰，华为为雷纳托·隆巴迪（Renato Lombardi，著名微波研究专家）先生建了华为微波研究中心；在爱尔兰科克市，华为为马丁·克里纳（Martin Creaner，全球知名商业架构师）先生设立了研究所；在法国，华为为马修·雷汉尼（Mathieu Lehanneur，国际知名品牌设计师）先生设立了美学研究所。

华为通过尽可能地为人才提供合适的场景、条件激发创新，而不是由华为规定怎么创新、往哪个方向创新。华为真正做到了"人才在哪里，华为就在哪里"。

● 聚焦目标，饱和"攻击"，宽容失败。华为每年把收入的 10% ～ 15% 投入研究和开发中，其中约 70% 用于开发。开发是一项确定性的工作，强调保证质量、提升效率。剩下的约 30% 用于研究。研究是具有不确定性的工作，需要鼓励探索。对于不确定性的工作，华为设定了一个收敛值——0.5，也就是说，允许有 50% 的失败。华为认为这不叫失败，叫饱和"攻击"，其中相当一部分"弹药"用于"有价值的浪费"及偿付未知领域探索者的"必要的学费"。如果不允许失败，不鼓励失败，不对那些勇敢的冒险者、失败者予以激励，就无法追赶和超越对手，更谈不上进入战略无人区。2016 年，任正非在与俄罗斯研究所专家座谈时谈道，华为可以在 3 个城墙口"发射炮弹"，瞄准一个目标；有 4 个路径的团队同时进攻，用充足的"弹药"去夺取明天的胜利。

任正非说的炮弹不是真正的炮弹，而是人才，即组织多种人才来进攻。黑天鹅是难以预测的，但是华为在黑天鹅的栖息地进行人才布局，最大限度地网罗黑天鹅，捕捉黑天鹅带来的信息及通信技术的科技跃迁，这样，黑天鹅就一定出自华为之手。

第三章

华为人才管理文化

让有使命感、责任感、做出了贡献的人快一点晋升，让他们在最佳时间、最佳角色、做出最佳贡献，少数人还可以被破格提拔。提拔晋升就是树立组织榜样，榜样的力量是无穷的。

——任正非

猛将必发于卒伍，宰相必起于州郡

华为的干部管理采用"选拔制"而不是"培养制"，华为强调要从有成功实践经验的人中选拔干部，把"猛将必发于卒伍，宰相必起于州郡"作为干部选拔的导向，引导优秀员工不畏艰险、不谋私利，走向最需要的地方。华为还要求人才长期保持艰苦奋斗的牺牲精神、永远坚持艰苦朴素的工作作风，在不同的岗位、不同的地点加速成长，接受公司的安排。在干部选拔方面，华为也有明确的选拔导向，主要体现在以下几点。

- 从"主攻战场"（战略区域、战略客户）选拔干部，要求干部有基层实践经验、有成功实践经验。
- 从各级组织中选拔一些敢于坚持原则、善于坚持原则的员工，发现有成功行使弹劾及否决权经历的员工，通过后备队的培养、筛选，使其走上各级管理岗位。

- 加快新干部选拔，给新人更多的机会，把虚位以待的干部位置充实起来。

- 从干部后备队选拔、培养干部，让一些优秀的员工找到更适合他们的岗位。

华为现在的董事会、监事会成员大多担任过地区部总裁或者产品线总裁，同时在这些岗位上都做出了非凡的业绩。最近有一篇名为《一人一厨一狗》[⊖]的文章在网上爆红，文章讲的是华为的一名新员工，孤身一人，在印度洋贫穷的小岛国科摩罗坚守并取得巨大成功的经历。我相信，有华为的人才选拔机制在，这位长期坚守在艰苦地区的优秀员工，未来一定会有巨大的发展空间。

辅助阅读

一人一厨一狗

"我是来自科摩罗的叶辉辉……"

"科摩罗在哪儿？我还没有去过。"

2019 年 7 月，我参加"20 分钟"分享，刚开口做自我介绍，就被任总打断了。科摩罗在哪儿？6 年前，我也和任总一样，发出了这样的疑问。我也没有想到 6 年后，这个我曾经对其一无所知、自认永远不会与其有交集的印度洋岛国，已经成为我生命中无法割舍的一部分。

其实说起来，我刚到科摩罗时，一切并不如我想象的那样，或者说，刚来我就后悔了……

⊖ 文章载于《华为人报》第 334 期，作者叶辉辉。

我与世界"失联"了

2013 年年底，我第一次来到科摩罗。那时我 24 岁，刚进入华为不到 1 个月。我和一位负责交付的同事一起从机场出来，坐上接机的本地司机开的皮卡，前往宿舍。透过车窗，我看到道路两边都是破败的建筑和街道，比我之前待过的其他非洲国家还要破败一些，心里隐隐感觉不妙。

来华为之前，我在西非的科特迪瓦工作过两年，一位在华为工作的朋友极力劝说我加入华为，说我来华为肯定大有可为。后来他才告诉我，原来推荐人才还有 6000 元奖金，我说他怎么那么"卖力"劝说！入职华为后，我第一站在华为马达加斯加共和国（以下简称马达加斯加）办事处，待了不到 20 天，领导对我说，华为之前在科摩罗耕耘多年的海底光缆项目，最近重新启动了，希望我这个客户经理去当地出差支撑这个项目。

"科摩罗在哪儿？"这是我第一次听说这个国家，经过领导的介绍，我才知道这个国家位于非洲大陆与马达加斯加岛之间，是一个人口只有 80 万的岛国，当地经济落后，基础设施很差，这个海缆项目意义非常重大，有望改变科摩罗"与世隔绝"的状态。

我毫不犹豫地答应了，因为我觉得自己刚来不久，产品知识和经验也没有其他人丰富，而领导这么信任我，正是我证明自己的好时候。另外，虽然对科摩罗不了解，但我有在非洲工作、生活的经验，还自学过一些法语，经受过疟疾折磨，看着华为马达加斯加办事处非常好的办公条件，我带着对未知国度的向往，登上了飞机。

来之前，就有同事给我打"预防针"，说这边条件很艰苦，每天只有一两个小时有电，而且通信信号很差，仍采用 ADSL 网络拨号上网，来这边基本处于"失联"状态。我本来没有怎么放在心上，等到了宿舍，我发现自己仿佛从文明社会直接跌入"原始社会"。当地宿舍和马达加斯加有着天壤之别，房屋年久失修，设施破旧，没有水也没有电。我拿出手机打了个国际长途想给在国内的父母报个平安，但是电话接通刚叫了一声"妈"，信号就中断了。由于怕父母担心，我接着又拨打了几十个电话，都打不通，只好作罢。后来我才知道，我妈那天也给我打了几百个电话，担心了很久，直到辗转联系到我的同事，确认了我的安全她才放心。

当时已经晚上七八点了，天已经黑了，由于没有电，我只能借着手机屏幕的光，摸索到床，准备坐下歇息，刚一落座，只听"哐啷"一声，整个床塌了。床散架的巨大声音，惊动了我的同事和本地司机，他们帮我拼了个床，然后我们就出去和当地的中国医疗队吃饭了。

这一顿晚饭下来，我对科摩罗了解得更多了，同时心里也更不是滋味了。我感觉自己之前过于乐观了，现在我面对的是一个物资极度匮乏、基础设施极度落后、疟疾和登革热肆虐的国家。缺电、缺水也就算了，由于是火山岩地质，这个地方的蔬菜和水果也极度缺乏，这是一个连吃的都需要发愁的国家！我怎么来到了这样一个国家？巨大的落差，让我在科摩罗的第一夜辗转反侧，懊丧不已，但是当时满口答应领导的场景还历历在目，哎，来都来了，先干起来吧。

金枪鱼的 18 种吃法

我在科摩罗的职业生涯正式拉开了序幕，首先摆在我面前的难关就是缺电、缺水。

白天还好，可以去客户的机房蹭电、蹭网。到了晚上，我就得回到宿舍。每天晚上供电 1 小时，对我来说，这 1 小时非常宝贵，我要烧水做饭，然后洗澡。说到洗澡，就是从水窖里打一桶水拎到卫生间，用水瓢舀着浇在身上。我有时苦笑，我算是农村长大的孩子，但我记得我小时候都不这么洗澡了，现在反而这么简陋！在这 1 小时里，我还要把手机、手电筒都充好电，然后要么躺在床上思考，要么伏案写点东西，自己与自己对话。当深夜一个人感受着印度洋的海风，看着窗外深邃而闪烁的星空，听着手机里播放的古典音乐时，我觉得内心格外平静。记得有天晚上停电的时候，一位本地员工拿出了吉他弹了起来，我会吹口琴，也加入了合奏，其他几个本地的兄弟把手机的闪光灯打开，跟着旋律左右摇摆，大家一起合唱，这个场景一直被珍藏在我心里。

另一个难关就是食物的短缺。这里还有个小趣事，出发来科摩罗的那一天，我和负责交付的同事在马达加斯加机场汇合，我给他带了一份马达加斯加食堂厨师做的盒饭当午餐，但是他没有吃，而是把盒饭带到了科摩罗。我当时以为他不饿，后来我才知道，他来过科摩罗，知道当地没有东西吃，特意留的。这份美味太珍贵，就这一份盒饭，后面管了我们两个大男人两顿饭。

科摩罗当地食物贫乏，我都能数得出来种类：当地特产金枪鱼、进口过来的冰冻牛肉和鸡肉，还有木薯、香蕉和椰子。因为极度缺乏蔬菜和水果，每次同事出差过来，都会想方设法带一些新鲜蔬菜和水果，帮助我们改善伙食。记得我刚来不久，有一天一个中方产品经理过来出差，带了两颗圆白菜。我有段时间没有吃过这种蔬菜了，这可把我开心坏了，我们当天晚上就吃了一颗，留了一颗舍不得吃，放在冰箱，但是由于没有电，天气炎热，这颗白菜在冰箱里放了几天就坏掉了！两个大男人捶胸顿足，心痛不已。

　　到了2014年下半年，我们在科摩罗的业务有了起色，公司正式在科摩罗设立了办事处，还配了一名中国厨师。因为在当地，待的时间最长的中方员工只有我一个人，大家都打趣我，说我是一个拥有"御厨"的人。

　　厨师老王今年已经50多岁了，他是我们的贴心大哥，把我们都当自家人一样。他做得一手好川菜，华为办事处的食堂也被誉为"科摩罗最好的中餐馆"。就拿金枪鱼来说，老王已经研究出18道不同的菜式，清蒸的、红烧的、醋烧的、烧烤的……甚至还做出鸡肉的味道，我们管这道菜叫"金枪鸡"。

　　最令我感动的是，这么多年来，老王一直坚持"留菜"的传统。他和我们说，在外面吃饱了才会不想家，所以每到开饭的时间，老王都会细心观察有谁没能在饭点赶回来，然后他留好饭菜，并且会比在家里吃饭的同事多留一倍。有一次，一个刚过来负责交付的兄弟晚上 10 点多才从客户那边加班回来，面对刚热好的饭菜，他捧着饭碗，吃着吃着突然哽咽了，老王问他怎么了，他呜咽着说："太好吃了，好吃哭了！"

客户成为我们亲密的伙伴

2013 年以前，科摩罗通信市场长期被西方厂商垄断，对于华为这样一家中国 ICT 企业，客户并不买账，他们觉得还是西方厂商的产品最好、最先进。再加上我刚来，对当地业务和公司产品缺乏足够的了解，法语水平也无法满足华为的业务场景需求，业务开展起来非常难。刚开始，客户的 CEO 都不愿意见我，有一次我在客户门口从下午一直等到凌晨一两点，后来终于见到了他。我说着当时还不灵光的法语，夹杂着英语，希望能获得一个坐下来谈谈的机会。客户看了我一眼，摇了摇头，就走了。当时的我又累又饿，看着他远去的背影，泪水在眼眶里打转，觉得自己太失败了。

外部环境已经够艰苦了，工作进展也不顺利，这让我的压力倍增，当时的我感到十分迷茫、困惑。但是，接下来的遭遇让我转变了想法。

作为一个岛国，科摩罗与周围几个小岛之间的交通工具是 9 座螺旋桨小飞机和冲锋舟。有一天，我陪客户乘飞机去另一个岛考察站点，路上遭遇雷暴，飞机螺旋桨一度都停了，急速下坠，我当时想可能飞机要失事了吧，幸好最后还是安全降落了，但是那种剧烈的失重感让我有了心理阴影。所以当我再次来这个岛的时候，我和同事选择了冲锋舟。

这一次去程很顺利，客户终于在合同上签字了，我们的心情格外轻松。回程的时候，我们又坐上了船，但是刚出发不久，万里晴空一瞬间就乌云密布了，暴风雨接踵而至。

冲锋舟上总共有 4 个人，船长、当地的一位妇女、我的同事和我，我们几个人火速把破破烂烂的救生衣套在身上，虽然也不一定能起到救命的作用，但求个心理安慰。这是我第一次经历海上暴风雨，真的非常吓人，雨越下越大，也分不清是海水还是雨水，打在脸上，我连眼睛都睁不开。我们的船本来就小，哪里经受得住这么大的风浪，船被风浪卷着荡来荡去，我感觉船就要被掀翻了。

我们害怕极了，那位当地妇女一直在祷告，祈求神灵的庇护。当时的我特别绝望和无助，心想自己掉进这茫茫大海哪有什么生还的机会？上一次飞机没出事是走运，这一次可能躲不过了！我真的想哭，内心也充满了悔恨：我为什么要来科摩罗？这个地方这么苦不说，现在连小命都保不住了！

害怕归害怕，但我还有一丝清醒，那份重要的合同还在我的手上，我赶紧把合同文件夹塞到衣服最里面，此时也只能这样，尽力保护它不被打湿了。如今这一份合同应该在深圳坂田，上面泛黄的水渍就是当时留下的。

幸亏海上的暴风雨来得快，去得也快，我们的绝望、害怕没有持续多久，乌云就散去了，海面恢复了平静。我站在甲板上，看到眼前的景象惊呆了：两条壮美的彩虹横跨在大海上。这是我人生第一次看到如此壮丽的景象，我刻骨铭心地领悟到生命是如此宝贵，能掌握自己的命运是多么的幸运！我一定要好好把握自己的命运和未来，遇到困难就要迎难而上！

于是我开始了改变自己的过程。我更加努力地学习法语，每天背大量的单词，大学法语专业那几本书全部都"啃"完了，还缠着一个当地的兄弟练习口语。白天在客户机房蹭电、蹭网的时候，我也借机"偶遇"客户。可能自己真的有些语言天赋，不久我就可以和客户"对上话"了！另外，我努力学习业务管理和产品知识，给客户做宣讲，从总统、部长到HOD工程师，都听过我的宣讲。

和客户接触的时候，我并没有急于推销华为的产品和服务，而是先与客户做朋友，真诚地展示通信发展能为他们带来的改变。我还记得介绍视频会议系统的时候，我告诉客户，有了这个设备和网络，就可以在同一个办公室和天南地北的人"面对面"开会，再也不用几个小岛来回奔波了，这让曾经坐船掉进海里的客户眼前一亮。另外，由于我们在当地长期扎根，有一支本地的维保团队，客户可以随时获得华为的服务，这一点是其他厂商所没有的。我们让客户看到了华为的诚意与实力，他们开始愿意与我们合作，客户的CEO后来也成为我们最亲密的伙伴。

就这样，随着客户对我、对华为越来越认可，我也根本无法离开科摩罗了，出差就变成了常驻，于是我就成了科摩罗"唯一的华为中方员工"。

这些年来，我在科摩罗经历了 3 次总统大选，对接过客户 6 任 CEO，真的是"流水的客户，铁打的我"。

科摩罗的网络是世界上"最好"的

2014 年，我们告别了之前的破旧宿舍，新租了一栋宽敞明亮的新楼房，出于安全的考虑，我们抱了一条小狗回来，希望它可以看家护院，于是关于科摩罗，关于我的"一人一厨一狗"的趣事就传了出去。

后来这条小狗由于过于凶猛，被我们送给了当地人，我们又重新养了两条小土狗，一公一母。当时为了这两个小家伙的名字，大伙儿还进行了一番"头脑风暴"，旺财、来福、旺旺……五花八门。后来我拍板，就叫"收入"和"回款"，这两个名字时刻提醒着我们的"奋斗"方向，一个也不能少。

说来也有趣，在"收入"和"回款"的"守护"下，近年来华为在科摩罗的业绩不断上升。2016 年，在科摩罗这个满是火山岩的小岛上，我们团队克服重重困难，完成了国家骨干传输网的建设，这也是东南非第一个海底光缆项目。这个项目彻底改变了科摩罗与世界"隔绝"的状态，使科摩罗从此与世界紧密相连。也正是对这个项目的良好经营，华为科摩罗办事处取得了当年华为公司全球小国业绩第一的成绩。

如果说骨干网是高速公路，现在我们要打造覆盖全岛的交通线路，让岛上的每一个人都能够随时随地上网。我们随后启动 FMC 网络现代化项目，该项目从规划、科研到批贷、签订融资协议，历时两年，终于在

2019 年年初开始交付。项目建成后，科摩罗将实现全岛的 2G、3G、4G 覆盖和光纤到户，以后，我们在科摩罗的任何一个角落上网，都能获得和在国内一样的便捷体验了。

我们与客户之间的关系不仅仅是交付项目，而是想客户所想，帮助客户更好地盈利，比如现在我们通过自身的优势，为客户提供 BNC 咨询服务，帮助客户提高收入。

对我而言，这个项目的成功使我更能实实在在地感受到通信或者说是华为给科摩罗带来的变化。科摩罗成功地加入"地球村"，大家来到这里再也不会"失联"，可以直接与国内的家人视频通话、发微信，随时联系。科摩罗的网民也越来越多，大家会上 Facebook 交友，上 YouTube 看视频，有的还自己拍视频上传。记得 2013 年我刚来的时候，大部分人都没有手机，就算有也只是功能机，而现在智能手机在科摩罗的销售量直线上升。我有一位刚用上智能机的科摩罗朋友，前几天还拿着手机喜滋滋地向我"炫耀"："科摩罗的网络是世界上最好的！"

最重要的是，由于通信的进步，越来越多的企业和国家愿意来到科摩罗进行援助和投资，极大地促进了当地的基础性建设，比如缺电、缺水的状况得到很大的改善，带动了经济的发展。前段时间，我们在当地部署了 4.5G 网络，科摩罗政府要员不止一次地在公众场合骄傲地宣告："科摩罗是印度洋第一个拥有 4.5G 的国家！"看到客户如此自豪，我们也发自内心地感到骄傲。

如今，华为已经成为科摩罗最受欢迎和尊敬的中国公司，我们的客户在华为经历困难的时候第一时间出来力挺、支持华为，表示华为永远是他们最信任的伙伴。

红树林一样的华为人

我在科摩罗待了 6 年多，很多人都惊讶我能待这么久，熟识的一个领导也开玩笑地和我说，当年觉得我就是一个愣头青，科摩罗那么艰苦，肯定待不久，是我的坚持令他刮目相看。

在我看来，我一点也不后悔当初的选择，在科摩罗的经历对我的人生观、价值观产生了很大的影响，是我的人生中不可或缺的宝贵经历。这些年，我变得更加成熟、自信，更加乐观、坚韧。

同样产生巨大改变的，还有华为科摩罗办事处。

公司建立了统一的行政后勤平台，"一人一厨一狗"成为历史，大家可以安心地吃好、喝好、住好，再无后顾之忧；出去见客户也有完善的配套设施，不会再出现当年开着皮卡见客户，还遭遇大风大浪的惊魂奇遇了；我们的团队也在逐渐扩大，越来越多的华为人愿意在这个贫瘠的火山岛上奋斗。2019 年年初，华为科摩罗办事处成功纳新，来自北京大学、复旦大学的 3 位"90 后"高才生和我一起常驻岛国，他们构成了以客户为中心的项目制铁三角，一起来满足一线业务的需求。现在，办事处除了我们几个，还有在公司工作 10 多年的老专家、过来出差支撑业务的中方同事，平日这里有十几个中方员工。虽然远离家乡，但在这里我们团结友爱，其乐融融，宛如一家人。

"你会不会游泳？"

"你现在会开船了吗？"

在我分享完这些年在科摩罗的经历后，任总又追问了我几个问题，他还表示一定要去科摩罗看看，开玩笑说他过去之后就是"两人一厨一狗"了。

我真诚地欢迎大家来科摩罗，这是一个风景优美的国家，碧海蓝天，还拥有最美的星空。虽然在这个岛国无法种植日常的蔬菜和水果，但是在这个火山岛上有一种叫作红树林的神奇植物，它长在岩石缝里，生命力极其顽强。我觉得华为人就像红树林一样，即使没有肥沃的土壤，没有充足的淡水，没有优越的条件，但我们依然破石而出，奋力生长，并将继续枝繁叶茂！

不虚位以待，先立后破，小步快跑

干部选拔是华为人才管理的关键动作，干部绩效以责任结果为导向。责任结果导向是一个很有华为特色的词。任正非认为当干部首先要有责任，责任是不能完全量化为数据的。责任意识就是使命感的体现，有使命感且绩效突出者就是绝佳的干部人选。

华为业务的快速扩张需要大量干部，尤其在国际化扩张阶段，对产品、市场和区域管理岗位的干部的需求更为迫切。对于有高度责任感且做出成绩的优秀员工，华为会先把他们提拔到空缺的岗位上，任命为副职主持工作，待山头打下来了，再进行人岗匹配和晋级。现实没有给华为足够的时间把员工培养成全面胜任更高岗位的人，因此，哪怕后备人选并未完全符合岗位要求，华为也允许这些人先到岗工作，然后通过在岗实践提高能力。这种方式避免了机会等人的状况，也避免了从外部引入人才带来的其他风险。当然，在此过程中，组织亦会安排导师给予辅导，以促进新干部更快适应岗位要求。

对于成功的项目，华为强调"出成果就要出干部"。任正非提出："打下山头的人里终究有一个人可以做连长。"

对新干部，多看优点，少看缺点，先给机会，以机会促成长。干部通过实践历练让实操能力更扎实，再辅以相应的培养辅导机会。在新干部快速提拔的过程中，华为对道德品质的评判依然坚持一票否决制，在干部价值观管理上坚守原则。

对本地员工，华为同样强调任用优秀骨干，让本地员工发挥本土优势：不分国籍、不分人种、万众一心地用宽阔的胸怀拥抱世界、拥抱未来。

对于华为公司的"国家代表"及更高级别的干部，有在本地选拔的，但更多的是跨国甚至跨区域选拔的。

激发个体创造力

华为坚持按价值贡献评价员工，以此拉开收入差距，给火车头加满油，让千里马跑得更快。机会向绩优奋斗者倾斜，让奋斗者分享胜利的果实。华为实行全员绩效考核制度，每年例行开展一定比例的末位淘汰，让怠惰者感受到挑战和压力，以此激活队伍；同时，打开组织边界，增加外部优秀人才的引入和使用，打破平静的企业超稳态，形成新的发展势能，防止组织"熵死"（见图 3-1）。

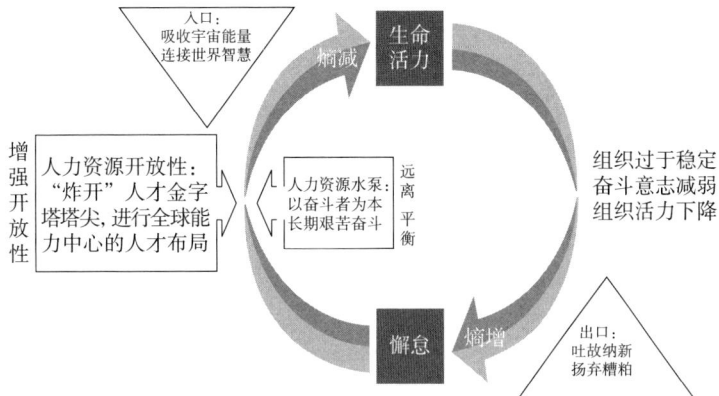

图 3-1　用熵减与开放持续激发个体的创造力

任正非认为："人的一生也是在跟"熵"做斗争的一生。读书时的测验考试、工作时的绩效考核，其过程都是痛苦的，但结果是光明的。熵减的过程正是创造价值的过程。"

人才管理的核心是让员工全力为客户和企业创造价值，华为认为这一目标实现与否取决于如何评价员工的价值贡献和如何分配企业创造的价值。华为构建了以奋斗者为本的文化体系，确立了个体激励分配"以贡献定回报"的原则。公司员工的学历、工龄、社会荣誉、社会职称都不是其获得激励的依据，公司推行"以岗定级、以级定薪、人岗匹配、易岗易薪"的工资管理制度，根据员工承担的责任及在岗贡献确定员工的薪酬水平；责任结果不仅是员工获得奖金等短期激励的基础，也是岗位晋升及获得更好的发展与回报的基础。华为积极探索并实施时间单位计划等长期激励优化机制，避免公司员工持股计划带来的"一朝获得、一劳永逸"的弊端。

打破平衡，拉开待遇差距

华为坚持以奋斗者为本，提高优秀人员的待遇，让"雷锋"先富起来，让千百人争做"雷锋"。面对激烈的全球化竞争，华为很早就将薪酬水平和业内同行如爱立信、思科等企业对标。

对于属地化岗位，华为推行本地化薪酬，为一些不能全球化的中低端职务设计职级待遇，确保职级待遇在当地是合理且略高于当地优质企业的。本地化员工不论工作资历有多深，均实施职级封顶、薪酬封顶的策略，不纳入公司关键岗位。对于全球化职位，华为设计任职期限及驻地工龄限制，防止一个地区、一类岗位形成长期的人才沉淀。

在职位职级上，华为在逐渐提高一线"作战部队"的职级。结合公司战略，华为在部分一线关键责任岗位（如新产业、新市场、须扭转劣势的岗位）上采取弹性定级的策略，在干部使用和进行人岗匹配时，根据职级区间保持一定弹性；大胆破格提拔业绩突出人员，提高其级别和薪酬，实现"达到平衡、打破平衡、再造平衡"的螺旋式上升；灵活调整级差，在对一线管理岗位定级（如正职与副职、上级与下级）时，采取灵活掌握、实事求是的态度。华为一线业务专家的岗位职级，不一定比其所在部门的行政主管的职级低。

另外，随着华为退休员工的增多（退休员工不领工资和奖金，但保留股票，可享受股票增值和分红），华为在薪酬分配比例上，逐渐加大工资和奖金的占比，以加大对在职奋斗者的激励力度。

上述各种管理场景都表明，按贡献拉开待遇差距可以促使所有在职员工努力工作，最大范围地保留优秀人才。

干部能上能下

干部如同头雁，引领雁阵前进的方向。在雁阵中，领头的头雁需要很大的勇气和魄力。如果干部做不了头雁，可以排到队尾飞，当然，如果干部自己都不想飞了，那么他就只能离开。华为坚持干部能上能下的机制，对于一些能力跟不上、业绩达不成或者因健康问题不再适合当前岗位的干部，华为会做相应的调整，将其安置到更合适的岗位上，安置后他们的工资依据新岗位职级匹配调整，已配置的股票不收回。在华为，"能上能下"已经是大家能够普遍接受和认可的文化导向。

华为每年都会对干部进行末位淘汰。末位淘汰是分层进行的，高层、中高层和基层均分层淘汰 10% 的干部。在华为，干部绩效落后，处理方式会有：降职、撤职、降级等，并连带进行薪酬调整，这些都是强制执行的。

通信行业激烈的竞争形势要求干部必须从思想上、行动上保持一种随时可以进入战斗的紧张状态，同时，华为承认并尊重人有追求安逸和享受的权力。由于形势不允许两者兼得，因此，对华为的管理者而言，追求安逸和享受应该是在退出管理岗位、不再承担管理责任之后。

案例：任正非点评"1996 年市场部大辞职"

1995 年年底，西北五省区为了振兴经济，决定对网上运作的设备进行全网改造。华为公司在投标中败给了国外友商，公司市场部震动了。1996 年 1 月，市场部正职领导主动向公司提出辞职，请求公司挑选干部，让优秀的领导者带领优秀的营销团队。一批市场部干部下到基层，重新锻炼，磨炼自己，开启了干部能上能下的先河。

2000 年 1 月，任正非在"市场部集体大辞职 4 周年颁奖典礼"上做了主题为"凤凰展翅，再创辉煌"的讲话，任总说道："我首先认为不应该是发奖章，而是发纪念章，因为发奖章就一定有评委，而评委的水平至少要比获奖人高。我认为你们的精神是至高无上的，没有人可以评论你们，对你们过去行为的检验是不需要任何人评价的，你们的精神是永存的。市场部集体大辞职对构建公司今天和未来的影响是极其深刻与远大的。我认为任何一个民族、任何一家公司或任何一个组织，只要没有新陈代谢，生命就会停止。只要有生命的活动就一定会有矛盾，一定会有斗争，也就一定会有痛苦。如果说我们顾全每位功臣的历史，那么就会葬送公司的前途。如果公司要有发展前途，那么每个人就必须能够舍弃小我。对于 4 年前的行为隔了 4 年后我们做一次评价，事实已向我们证明那一次行为是惊天动地的，否则也就不可能有公司的今天。毛生江从山东回来，不是给我们带来一只烧鸡，也不是给我们带来一只凤凰，因为虽说烧不死的鸟是凤凰，但凤凰也只是一个个体，凤凰是生物，生物是有生命期的。我认为他给我们带来的是一种精神，这种精神是可以永存的。"

市场部集体辞职体现的行动是次要的，精神是主要的，它是华为与国际接轨过程中的关键里程碑之一，它把本来可能产生的阻碍因素转化成了动力。在华为的发展过程中，要是没有干部的国际接轨，没有组织的国际接轨，那么所有国际接轨都是假的，都是不可能实现的。

除了末位淘汰与集体辞职，干部任期制也是一种温和的新陈代谢方式。任期届满时，干部通过自己的述职报告接受上级管理团队的评议。有些干部很努力，但如有人进步更快、更适合这个岗位，原来的干部可能就不能继续任职了。随着华为的发展，干部的选拔标准也在与时俱进——用外部压力和内部竞争驱动干部进步。长江后浪推前浪，没有新陈代谢，就没有生命力。在华为，从高级干部岗位下调的人员通过新的成绩证明自己、走向更高岗位的案例也不少。能上能下，是华为干部管理的常态。

在实践中选拔和淘汰干部

华为在高速发展时期，很多干部是跑步上岗的，特别是市场部的干部。市场部先是一个人扛着一面大旗去宣传、招聘，然后就地立足，逐渐扩大队伍。后来由于市场发展得太快，市场部便开始通过竞聘选拔人才，竞聘成功者就马上开始工作。这种选人方式使华为英雄"倍"出^一，是公司高速发展时期必不可少的手段。就像春秋战国时期一样，人们思想非常活跃，形成了英雄"倍"出的环境。所以，任何一个快速发展的阶段都会给人提供充分表现

○ 任正非语言。在任正非心里，"辈"出需要的时间太久了，应该让人才成倍成倍地出。

自己、施展自己才华的舞台，从而造就思想繁荣的局面。在这样的发展机遇期，华为员工成长的加速度很快。

但是，在这种跑步到位、以位引才的过程中，也会产生一些问题。有些人利用公司的信任做了超越红线的事情，这种情况下，公司是把权力收回，还是继续下放，同时加强监督和调控力度呢？任正非提出，不能因噎废食，必须继续把权力和责任放下去，同时要提高干部的选拔标准、明确干部的监管机制，将干部管理制度化、体系化。对于那些利用了权力和机会但做得不好的干部，均按制度规定予以处理。

在实践中"自力更生"地培养和选拔干部是华为的主流干部路线，但华为也吸纳了部分"空降部队"。很多公司的历史经验证明，"空降部队"也是好的，但其绝对数量不能太大。公司在还不具备消化"空降部队"的能力时，更多的是依赖自己培养的骨干人才，也就是依据公司一系列干部制度和政策，靠自己的努力培养自己的干部。公司可以引入咨询顾问，帮助干部提升管理水平。中高层干部学习并消化咨询顾问好的思想、好的方法以后，再传播给下属，带动干部整体进步。1997 年，华为引入英国 NVQ 体系，建立了一套干部任职资格标准。华为刚开始用三级干部标准考评干部时，很多人觉得评价标准太高了。任正非提出，标准就是牵引干部提升的，干部要用 3 年的时间达到对应的等级标准，每个干部都要努力补课。若是 3 年以后有一大批人达到标准，这个体系就可以制度化了。

在激烈的市场竞争中，企业不应袒护不称职的干部。在华为，完不成任务的部门的"一把手"要接受相应的处罚，但为了避免正副职不合作，即使正职调离或降职，本部门的副职也不能被提拔至正职。这一举措促使部门的管理团队密切配合，一起为达成目标而努力。当然，对于因公司确定的方向错误致使项目失败的情况，相关团队的管理者可以被豁免。

华为要求被降职的干部调整心态，正确反思，在新的岗位上站起来，不要自怨自艾，也不要牢骚满腹，在什么地方跌倒就在什么地方爬起来。组织也会犯错误，一时对一个人评价不公的现象是存在的。因此，总有一些人要受委屈，因降职而受委屈的干部，要无怨无悔地继续努力，以实际行动来证明自己。

实践是检验干部能力的试金石。将者，智、信、仁、勇、严也。战国时，秦军选拔出的将领都经历过浴血奋战，如司马错、白起、王龁，他们能担责，能打胜仗。拿白起来说，他在几次关键时刻、关键事件中挺身而出，最终赢得了宣太后和昭襄王的举国相托。因此，只有在关键时刻或关键事件中表现出大将气魄的干部，才能让上下同欲，让员工们与其一起为目标而努力。

第四章

从战略到人才管理

人力资源管理变革的目的是冲锋，目的是要建立一个强有力的、英勇善战、不畏艰难困苦、能创造成功的战斗队列，而不是选拔一个英俊潇洒、健壮优美、动作灵活、整齐划一的团体操队。我们不是为好看，而是为了攻山头。我们的岗位责任、薪酬待遇，是要服务我们的业务发展的。

——任正非

人才管理战略

"大学之大在于大师，企业之强在于强人"，作为一家技术型企业，华为今时今日的成功离不开其对人才持之以恒的重视。任正非曾以"什么都可以缺，人才不能缺；什么都可以少，人才不能少；什么都可以不争，人才不能不争"这一番言论揭示了企业乃至国家间竞争的本质。

在华为，人才管理被提到战略的高度。华为从 IBM 引入业务领先模型^一（见图 4-1），每年做面向未来 3～5 年的滚动战略规划，明确公司未来业务发展的方向、策略及核心工作，并匹配相应的组织和人才。华为通过识别组织能力的需要和当下能力的差距，明确需要引入或内部培养哪些人才。

一 业务领先模型，即 BLM 模型（Business Leadership Model），也译为业务领导力模型，是企业战略制定与执行连接的方法和平台。BLM 模型从市场洞察、战略意图、创新焦点、业务设计、关键任务、正式组织、人才、氛围与文化 8 个方面协助管理层进行经常性的战略制定、调整及执行跟踪。

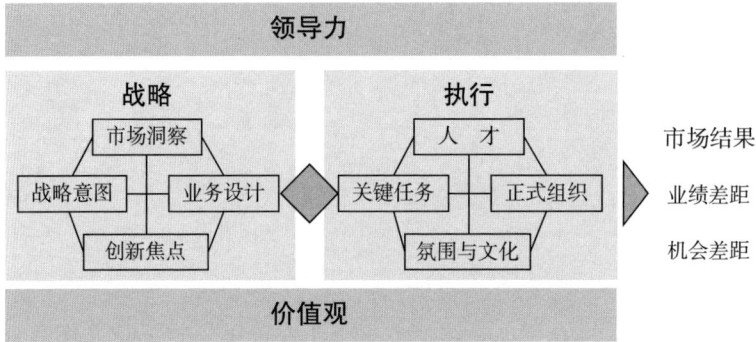

图 4-1　业务领先模型

人才是战略执行中的一个核心模块，是战略制定中不可或缺的一个环节。在人才模块中，应该明确人才策略、人才需求、人才培养与发展、人才激励与保留等人才管理的核心要素。

很多企业在做战略规划时，容易忽略人才的部署，它们往往只是在日常业务开展过程中为了应对人才的动态调整而做一些招聘和培养工作，如某岗位人员离职，或者组织调整、新增了某些部门和岗位，然后要为这些岗位寻找相应的人才。这种人才的部署和管理通常面向已经在执行的具体业务，而华为人才管理则立足于战略层，人才规划的策略、举措极具前瞻性、主动性，以此匹配企业发展的战略（见图 4-2）。

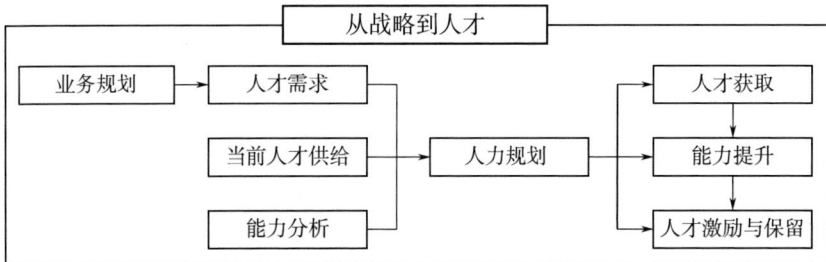

图 4-2　华为从战略到人才的业务框架

保持组织的活力，是企业在未来的数字化智能社会中保持竞争力和持续成长的关键。甚至可以说，即使战略选择暂时出现偏差，只要组织充满活力，企业仍可及时纠正错误、拨正航向、重整旗鼓。除此之外，我们还能从华为的人才战略中获得以下几点重要启示。

第一，人力资源管理要支撑公司未来的使命、愿景与竞争优势。华为公司在 2017 年 6 月举行的战略务虚会上提出了一个重要的观点：一家公司取得成功有两个关键——"方向要大致正确，组织要充满活力"。华为最新发布的愿景和使命是"把数字世界带入每个人、每个家庭、每个组织，构建万物互联的智能世界"。华为向人才提供具有市场竞争力的薪酬和待遇、最先进的研发条件和优雅的工作环境，吸引世界范围内与华为目标一致的优秀人才加入。华为不担心由此增加成本支出，不会因追求短期利益而牺牲企业的长期利益。

那么华为如何破解高薪酬与高成本的困境？黄卫伟教授认为，破解之道就是加大研究、开发、创新的投入以及数字化转型的管理变革投入，通过提高劳动生产率和运营效率使人均薪酬居于行业领先水平，且总薪酬占销售收入的比例在行业内具有很强的竞争力。

抛开成本来讲，任何企业都期盼自己能够建立一支强有力的人才队伍——高科技企业希望自己有一支顶尖的研发团队，销售公司希望自己有一支一流的营销战队，技术密集型企业则希望自己有一批技术精英，这是它们的必然需求。然而，企业的经营活动并不是靠想象和期望就能实现的，企业要想充分激发人才的活力，把每个个体都变成奋斗者，还需要提供有竞争力的薪酬，让员工多劳多得、少劳少得、不劳不得。如果员工无论干多少都与身边的人拿着差不多的工资，那么谁又愿意去多承担责任呢？

第二，华为认为，为了成为世界领先企业，不能仅依靠国内的人才，还要利用全世界的人才，因此制定和实施了把战略能力中心建到战略资源聚集地区的措施。近年来，华为已经在莫斯科、巴黎、伦敦、纽约、杜塞尔多夫、米兰、班加罗尔、西雅图、东京等城市建立了几十个能力中心，邀请当地的科学家开展信息与通信技术领域的前沿技术和基础理论研究，请当地的专家监控华为全球业务的财务风险、经营风险和宏观风险。可以说，人才在哪里，华为就在哪里。

> 华为在莫斯科的研究所中有一位性格很古怪的数学家，他默默无闻地工作了十几年，但没有做出什么成果。当时华为的 3G 项目组正在研究一个数学算法，希望通过这个算法实现 2G 和 3G 技术在一个机柜共享，但这一项目一直没有突破。就在所有人都感到绝望时，突然有一天，这位年轻的数学家拿出一套自己的算法，为华为在 3G 和 2G 方面的研发工作带来了革命性突破。有了这套算法后，华为的产品有了竞争力，它凭借重量轻、体积小的优势取得了技术领先地位。
>
> 而在华为 P9 与徕卡的合作中，数学算法上的突破也发挥了关键作用。华为 P9 的图像处理芯片 ISP 是由华为法国索菲亚芯片研发中心研发的，可以帮助 P9 实现传统单反相机或者电脑后期处理才能达到的特性和效果。
>
> 为了在微波技术方面有所突破，华为在米兰设立了华为微波技术研究所，这几乎是华为为世界顶尖的微波技术专家雷纳托·隆巴迪专门设立的。其结果就是，目前华为在微波技术方面也已经实现了全球领先。

第三，建立和不断完善公平公正的价值评价与分配制度，努力创造一个公平公正的人才成长环境。华为在价值评价中坚持以责任结果为导向，这是因为绩效和结果都是真实的，是可以被衡量的。华为在价值分配中坚持按贡献拉开分配差距，价值分配向奋斗者、突出贡献者倾斜。同时，在价值评价和价值分配过程中，华为特别关注那些主动为公司的战略目标和长远利益承担责任及做出贡献的员工和干部，华为坚持不让他们吃亏，奉献者必须得到合理的回报。

任正非主张为奋斗者提供有竞争力的薪酬，为此，华为人力资源团队与全球多家知名咨询公司达成长期合作，定期对员工薪酬数据进行调查，根据调查结果及公司业绩对员工薪酬进行相应调整。但是无论薪酬如何调整，利益分配的核心原则都是不变的，即薪酬与业绩密切结合。以华为员工的奖金方案为例，员工奖金数额要根据其在实际工作中承担的个人责任、工作绩效以及其负责的项目完成情况而定，员工承担的责任、创造的绩效、完成的项目越多，奖金便越多。当然，大项目对应大奖金，小项目对应小奖金，在价值评价的细节之处，华为也坚持公平公正的原则，在保证不会挫伤员工积极性的同时，提升员工的竞争意识和竞争动机。

第四，坚持从成功实践中选拔干部。华为在选拔高级干部时遵循"猛将必发于卒伍，宰相必起于州郡"的原则。干部选拔实行"三优先原则"：一是优先从成功团队中选拔干部；二是优先从主攻战场、一线和艰苦地区选拔干部；三是优先从影响公司长远发展的关键事件中考察和选拔干部。

早在 2002 年，任正非在华为人力资源大会精神传达会议上便说："评价一个人，提拔一个人，不能仅仅看素质这个软标准，还要客观地看绩效和结果。品德的评价与领导者的个人喜好和对事物认识的局限性有很大关系。绩效和结果是实实在在的，是客观的。所有的高层干部是有职责和结果要求的，在有结果的情况下，再看你是怎么做的，看你的关键行为中是否表现了高素质。"华为经营管理团队（EMT）纪要 2005 年第 53 号文件中也写道："绩效是分水岭，是必要条件。只有那些在实际工作中已经取得了突出绩效，且绩效考核横向排名处于前 25% 的员工，才能进入干部选拔流程。"

华为处在一个高竞争、高压力的行业，如果员工不能创造可观的绩效，那么华为便很可能被竞争对手淘汰。所以，任正非认为，茶壶虽可以煮饺子，但倒不出来、吃不到，那就不算能煮饺子。一个人的能力再强，若是发挥不出来，他也还是庸人一个，华为是不要庸才的。那些能够通过实战检验的人才，在华为绝对不会被埋没。

华为曾经长期邀请 IBM 咨询团队为其进行内部改造，"建立人才后备的板凳计划，通过基层实践培养干部梯队的续航能力"正是 IBM 团队给华为人才建设的重要建议之一。所以，华为十分注重根据实战考核结果选拔优秀人才。

第五，从战略角度对人力资源流动进行制度化管理。华为人力资源流动管理的基本方针是，使优秀员工在最佳的年龄、最适合的岗位上，做出最佳的贡献，得到合理的回报。近两年，华为加大了破格提拔业绩优秀的中基层员工的力度，同时实行末位淘汰制度淘汰业绩表现长期落后的干部和员工。

第六，以物质文明巩固精神文明，以精神文明促进物质文明。近年来，华为员工的薪酬水平已达到高科技领域顶尖公司的水平，因此光靠物质激励已没有更大的必要性，必须同时发挥精神激励和物质激励两个驱动力。华为坚持"以客户为中心,以奋斗者为本,长期艰苦奋斗"的核心价值观,注重传承"胜则举杯相庆,败则拼死相救"的公司文化,创造集体奋斗的文化氛围,从而达到"蓬生麻中,不扶而直"的效果。同时,针对"90后"员工的价值诉求,华为进行了差异化管理。华为强调给员工机会,及时认可员工取得的业绩,快速提拔业绩表现优秀者。

解决员工吃饭问题的同时,任正非又注意到,虽然华为在薪酬上没有亏待员工,但员工也需要一些金钱以外的东西。比如,有部分员工提出,公司可以出面组织一些以家庭为单位的旅行和度假活动,这样,员工会更有归属感,家人们对华为公司和员工工作的了解也会更多,客观上也能让员工更加安心地在海外做好自己的工作。

华为中东北非片区推出"阳光之旅关怀计划",特别关注被外派到艰苦国家和投身重大项目组的,承受高压力、高强度工作的人群,对长期未休假的员工,片区统一组织轮休。华为重点对长期驻外、投身重大项目长期未休假的中方员工,以及长期服务华为的本地员工进行激励,并以此为开端,形成持续面向优秀奋斗者的关怀机制。

2009年1月,"阳光之旅关怀计划"首先惠及华为阿富汗代表处,华为组织在阿富汗连续工作5年的员工及其家属到埃及度假观光。员工畅快地游览开罗、红海,观摩金字塔,骑骆驼……旅行结束前,公司甚至专门给员工及其家属留下几天的时间用来购物。这对于长期承受高压力、承担高强度工作的华为海外员工而言,无疑是最完美的安排。

华为为鼓励员工常驻海外，允许未婚员工的父母和已婚员工的配偶及小孩陪同，还会为驻外人员的随行家属提供伙食补助及优惠的商业保险计划。海外员工每年有 3 套回国机票，可供随行家属或自己回国探亲使用。华为为刚毕业的新员工也做了周到的考虑。由于应届毕业生大多没有经济来源，生活并不宽裕，华为规定，应届生来公司报到时的差旅费、行李托运费等都可以据实报销，新员工入职后第二天即提前发放 2000 元工资，以便员工购买日用品等。

华为公司的人才管理借鉴战略管理的理论框架，高度关注战略层面的内容，结合华为长期在人才管理领域的实践，这一体系成为华为日常人才管理工作中的共同语言和基本方法。该体系把传统意义上聚焦于人员供给和需求的人力资源规划融入其中，同时强调人才发展与企业发展战略的步调相一致。

人才管理策略

在不同的发展时期，华为的人才管理策略略有不同，但回顾 30 多年的发展历程，有几个核心策略是华为一直在坚守的，主要体现在以下几个方面。

1. 在人才招聘中强调素质和能力

华为自 1996 年业务步入正轨后，为了打造稳定的人才队伍，开始转变策略，与高校合作，从校园中高薪招聘应届毕业生人才。华为在招聘策略中明确规定从"985""211"院校中成绩排名前 30% 的毕业生中选拔人才，采用标准化的招聘考核流程。这不仅是一个招聘策略，从更深层次理解，它也是一个竞争策略，用这种模式，华为几乎垄断了绝大多数适配自身业务需要的高校毕业生资源。华为还不惜代价、不计成本地持续引入业界高端人才，尤其在每次行业大调整、竞争对手业务下滑或兼并收购等场景中，抓住机会吸纳行业优秀人才，以构建和强化自身的组织能力。

纵观华为多年的发展史，不难发现，为了招揽人才，强化人才优势，任正非没有少费心思，尤其在华为发展的早期阶段。

1992 年的一天，任正非得知当时的行业主管部门要在西安组织一个数字程控交换机学习班，这个培训班规格很高，全国从事交换机开发的企业几乎都会派技术骨干参加。因此，任正非派去的华为骨干除学习之外，还有一项任务，那就是招揽人才。每当结束一天的学习回到宿舍，华为的精英们就活动起来，去各个宿舍与人"谈心"。历任华为研发部经理、终端事业部总经理、华为山东分公司总经理、华为国际营销部副总裁、华为高级副总裁等一系列重要职位，为华为的发展立下汗马功劳的毛生江，正是在这次学习班上被招揽加入华为的。同样对华为的发展历程产生深远影响的华为副总裁徐文伟，也是在学习班上被说服加入华为的。对于这些肯跳槽的精英，华为还会给予"签字费"，即补偿跳槽损失的奖金，通常至少数万元。

其实，华为的人才管理能力很早就被业内企业认可。2000 年的一天，华为杭州办事处传输产品部办公室的每部电话都响了一遍，而且响得还特别有规律，从第一排第一桌开始，一个接一个，直到最后一排最后一桌。电话不是华为其他部门打来的，也不是华为的客户打来的，而是猎头公司打来的，其目的只有一个："挖"人，为某大公司"挖"传输人才。在深圳，甚至有一些企业放话"只要是在华为待过的,我们都要"。被挖墙脚挖到这种境地,华为的人才实力可见一斑。

创造了华为最快升职纪录的华为前高管李一男,以及如今华为的不少中坚力量和高层干部,都是在 20 世纪 90 年代进入华为的。这为华为的业务发展奠定了基础。华为几乎每年都会进行大规模的招聘,凡是所需的人才,华为力求纳入麾下,甚至在过年的时候,华为员工都被要求说服身边的好友加入华为。因此,对于很多同行而言,华为的招聘策略是十分"可怕"的。

近几年,华为在清华大学和北京大学招聘的人才数量就很能说明问题(见表 4-1~表 4-4)。

表 4-1　2019 年清华大学毕业生签三方就业 20 人(含)以上的单位

序号	集团简称	本科	硕士	博士	总计
1	华为	2	137	50	189
2	腾讯	8	49	12	69
3	阿里巴巴	0	38	16	54
4	国家电网	2	29	13	44
5	中国建筑集团	10	20	9	39
6	中共福建省委组织部	0	10	26	36
7	中国中信集团	1	24	8	33
8	中国工商银行	0	27	5	32
8	清华大学	1	10	21	32
10	上海汽车集团	1	22	7	30
11	中国核工业集团	0	14	15	29
11	中国国际金融股份有限公司	3	26	0	29
13	国家开发银行	0	22	6	28
13	百度	0	25	3	28
15	中国电子科技集团	0	14	13	27
16	网易	5	21	0	26

序号	集团简称	本科	硕士	博士	总计
17	中国航天科技集团	0	8	17	25
18	招商局集团	0	22	2	24
18	经纬恒润	0	11	13	24
20	中共河北省委组织部	1	18	4	23
21	中共四川省委组织部	1	16	5	22
22	中国石油化工集团	0	6	14	20
22	微软	0	17	3	20
22	华润集团	1	17	2	20

资料来源：清华大学学生职业发展指导中心网站《2019年清华大学毕业生就业质量年度报告》。

表4-2　　2018年清华大学毕业生签三方就业20人（含）以上的单位

序号	集团简称	本科	硕士	博士	总计
1	华为	2	134	31	167
2	腾讯科技	9	49	16	74
3	国家电网公司	0	26	27	53
4	网易	6	33	2	41
5	中共福建省委组织部	0	8	30	38
5	阿里巴巴	0	27	11	38
7	中共天津市委组织部	3	28	2	33
7	中国中信集团公司	0	27	6	33
9	中国科学院	0	17	13	30
10	中国建筑工程总公司	7	15	7	29
11	中共河北省委组织部	1	22	4	27
12	中国核工业集团公司	0	15	11	26
12	中国航天科技集团公司	0	8	18	26
12	中国工商银行	1	19	6	26

序号	集团简称	本科	硕士	博士	总计
15	清华大学	0	12	13	25
16	上海汽车集团	2	19	3	24
16	百度	0	23	1	24
18	微软	2	18	3	23
19	中国电子科技集团公司	0	11	11	22
20	中国航天科工集团公司	0	5	16	21
20	中国石油化工集团公司	0	9	12	21
20	招商局集团	0	18	3	21
20	国家开发银行	0	16	5	21
24	中共四川省委组织部	1	16	3	20

资料来源：清华大学学生职业发展指导中心网站《2018年清华大学毕业生就业质量年度报告》。

表4-3　2019年北京大学毕业生签约重点单位

单位名称	人数	单位名称	人数
北京大学[1]	163	中国农业银行股份有限公司	26
华为技术有限公司	133	中信建投证券股份有限公司	25
中共河北省委组织部	84	中共河南省委组织部	24
腾讯科技有限公司	68	清华大学[2]	24
中共福建省委组织部	55	招商银行股份有限公司	22
中国建设银行股份有限公司	43	中国人民银行	20
中共四川省委组织部	41	中共山东省委组织部	19
中国工商银行股份有限公司	33	中共浙江省委组织部	18
中国银行股份有限公司	30	中共湖南省委组织部	17
中共广东省委组织部	26	国家开发银行	16

1、2包含博士后进站及签就业协议就业。

资料来源：北京大学学生就业指导服务中心网站《2019年北京大学毕业生就业质量年度报告》。

表4-4　2018年北京大学毕业生签约重点单位

单位名称	人数
华为技术有限公司	104
腾讯科技有限公司	56
中国工商银行股份有限公司	41
北京大学	41
中国银行股份有限公司	29
国家开发银行	29
中信建投证券股份有限公司	28
中国农业银行股份有限公司	25
网易（杭州）网络有限公司	22
深圳证券交易所	19
中国科学院	18
中国邮政储蓄银行股份有限公司	18

资料来源：北京大学学生就业指导服务中心网站《2018年北京大学毕业生就业质量年度报告》。

2. 在人才使用中传递压力

华为通过明确的目标管理，层层传递经营压力，激发团队的潜能；通过有挑战性的工作任务、业务大比武、各项指标赛马，层层传递竞争压力；通过坚持末位淘汰制，传递员工在组织中的生存压力。

华为坚持持续淘汰懈怠者和沉淀层，让组织充满活力。2019年，为应对美国"实体清单"，华为更是提出了"去除平庸"的人才优化策略。

事实上，华为在发展过程中也曾遇到过类似的问题。当华为取得一定成绩时，一些曾经劳苦功高的"老人"便开始贪图安逸，尤其是那些每年都能拿到大量股票分红的老员工，他们变得得过且过，而这样的态度会影响很多人，破坏整个企业的奋斗氛围。

为了充分保障奋斗者的利益，强化艰苦奋斗精神，重新激活那些"沉淀"下去、丧失活性的老员工，任正非号召华为人要有一种"比武意识"，通过轮岗换位、竞聘上岗、绩效承诺等方式参与竞争，"消除沉淀层，保持奋斗者姿态"。

华为在人才竞争机制上的第一大特点就是"让在岗者有压力"。这是指在岗位晋升上，每一个岗位都会有3～4个满足任职资格的后备人才等在那里，每个岗位上的人必须努力做出成绩，否则，马上会被人代替。华为从来不担心会离不开谁，通过CEO轮值制度和董事长轮值制度，就算离开了任正非，华为都一样能够健康运转。华为还坚持易岗易薪制度，一旦职位下调，其薪酬也势必会受到影响。所以，在华为，没有人能够贪图安逸，所有人都在不停地学习，不停地创造业绩，防止自己在竞争中落入下风。

任正非说："公司一定要铲除沉淀层，铲除不负责任的人。对于这样的人，一定要把他的正职撤掉，等到有新的正职来时，甚至副职也不能让他干。而对于那些长期在岗位上不负责的人，如果不能下定决心把他们辞退，这个队伍还有什么希望可言？如果你不能认识到这个问题，你就不会有希望，你的企业肯定会死亡。"

3. 在人才发展中关注活力

华为建立了人才循环流动机制，专家和干部"之"字形成长，通过流动激活组织，让人才远离舒适区，永远处在学习和成长的状态中。

美国海军在晋升舰长之前会反复进行上下、平行调度，所呈现的波浪式流动与汉字的"之"字相仿，所以被称作"之"字形成长路线。任正非借鉴了美军这种舰长培养方式，并且将其大量运用在华为的人才管理实践中。

2009年，出访美国归来的任正非在与华为核心工程队的相关人员座谈时强调："现在我们要加快干部的'之'字形发展，强调'猛将必发于卒伍，宰相必起于州郡'。当然我们是优先从这些实践人员中选拔干部的，今天我们同时将各部门一些优秀的苗子，放到最艰苦的地区和岗位去磨炼他们的意志，放到最复杂、最困难的环境中，锻炼他们的能力，促进他们的成长，加强人才的选拔。想当将军的人必须走这条路，这就是我们组建这个队伍的目的。"

当然，这样的"之"字形成长路线并不适合所有人，对于基层员工和基层干部而言，这样的发展路径意义不大，最适合"之"字形成长的人群是高级管理者和一部分综合型专家。

4.在人才分配中激活动力

华为秉持"不让'雷锋'吃亏、让拉车的比坐车的拿得多"等理念，用物质激励调动人才的积极性；同时，通过精神激励赋予人才更大的工作责任，激发其内在激情。

在大多数公司中，员工薪酬、福利的多少会与工龄和司龄等资历类数据相关联，而在华为，入职以后，学历、司龄和工龄均与激励无关。由于应届毕业生没有工作经验，学历是为其定薪的一个依据，但进了华为，学历不作为确定薪酬的依据。基于价值创造来进行价值评价，基于价值评价确定价值分配，这样才能克服人的惰性。

正是由于坚持了这样的薪酬体系和价值分配理念，华为各个岗位上的员工才能在相对公平的基础上根据自己的贡献获得相应的报酬，这样的薪酬体系和价值分配理念既可以充分激发大多数员工的积极性，又不会挫伤部分高效员工的工作激情。

用华为高管余承东的话来讲："有些人一直抱怨公司不公平，公司给每个职级的员工划定的基本工资都是相同的，你赚得为什么没有别人多？先看看你做了多少事，你考评打了多少分，再去看看别人的，然后再来感慨公司到底公不公平。借用任总的话来说，'绝对的公平是不存在的，但是华为坚持看重成果贡献'。你在绩效上领先别人，那你得到的就一定比别人多！"

近年来，随着华为的发展壮大以及整个市场环境的变化，任正非对华为"效率优先，兼顾公平"的分配原则有了全新的认知，他开始意识到，在这一原则之下，员工公平分享的不能仅仅是物质利益，还应该有机会、职权等更高层次的权益，而华为的员工利益分配也在朝着更加科学的方向发展。

通过能力、压力、活力、动力这四力的配合策略，华为人才管理形成了一种正向循环：人才促进企业发展，企业发展又反过来促进人才的进一步发展。

在企业的不同发展阶段，华为人才引入的重点也在不断调整：在"农村包围城市"的阶段，重点在于研发和营销领域人才的引入与发展；在拓展海外市场阶段，重点在于关键稀缺人才和国际化人才的引入与发展，如小语种、国际金融、国际法等方向的人才；在从运营商业务转向企业业务和消费者业务阶段，重点在于引入渠道管理、消费品营销等领域的人才；近几年，人工智能、大数据等领域的高端专家、5G 技术人才成为重点。这些变化充分反映了华为的人才策略贴近业务需求，能顺应企业的发展，且每个阶段的工作都对业务发展起到了良好的支撑作用。值得一提的是，2018 年，华为在人才结构上做出重大的策略调整：华为董事会发文表示，原则上停止进行普通社会招聘，不在优秀应届毕业生、关键稀缺人才以及公司专项招聘范围内的部门不得发放录用通知，特殊情况需经轮值董事长审批。能力补充的要求由关键稀缺人才招聘来满足，其他人才缺口以内部调配为主要解决途径，强调加速人员内部流动，对人才的使用更加多元化，包括通过"业务外包，寻找实习生、行业专家顾问、合作伙伴"等方式满足业务需要。这个策略的出台意味着华为进入新的人才管理周期，目前华为需要的是能在"无人区"做突破的顶尖专家及年轻、有活力的优秀应届毕业生，普通中间层已经不是支撑公司成长的核心所在。

总之，选人应着眼于其是否具有成长因素；育人应取决于企业能否提供人才成长所需的平台。只要企业机制灵活，能给予员工足够的工作历练以及成长空间，再辅之以其他激励机制，人才定会不断涌现。华为在人才管理上道术结合，底层逻辑不变，一直在优化和迭代能顺应发展的实施策略，在此基础上，人才管理有效地促进了业务发展。

人才管理的方法

在华为人才管理战略和策略的驱动下，其人才管理方法也在不断完善，现在，华为在进行人才管理时，主要遵循以下几种方法。

1. 明确人才需求及人才标准

人才管理机制的核心目标是基于人才战略需求，建设整合型人才供应链，保障人才金字塔中各类人才的数量、质量、结构能够满足战略和业务需求。

在具体实践中，华为通过人力资源战略规划、解码、明确人才要求，结合人才盘点，以人才数量、质量、结构等形式描述对人才金字塔中各类人才的需求。

人才标准包括专业任职资格标准和干部标准，这是衡量人才需求的共同语言，是华为对专业员工和管理者的基本要求，它们体现责任结果导向，匹配战略，牵引人才提升能力。

其中，专业任职资格标准代表面向客户、全球一致的专业标准体系，及业务发展对专业发展的清晰牵引，传递公司对员工专业能力的要求，是员工专业能力的衡量标准和职业发展的阶梯。专业任职资格标准包括绩效贡献和关键能力等要素。

干部标准是华为干部管理的共同语言体系，是对管理的基本要求和整体期望，支撑各级组织在共性标准的基础上，明确对具体管理岗位的任职要求。干部标准包括品德、核心价值观、绩效、能力与经验等要素。

2. 确定人才管理政策及人才策略

人才管理政策包括人才基本政策、导向和要求，是建设人才管理业务流程、制定人才管理的具体政策和解决方案的指导原则。

人才管理策略以满足人才需求、缩小人才差距为目标，是结合业务规划与人力资源规划确定的最优路径指引。

3. 构建人才管理流程及解决方案

华为遵循人才管理政策和策略，基于长期的人才管理业务实践，围绕"选→用→留→育→管"的人才管理周期，构建人才管理流程及适配业务需求的解决方案（见图 4-3）。

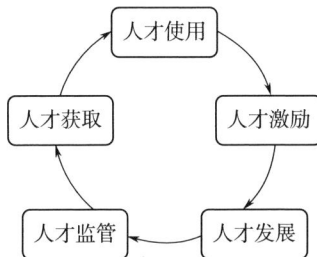

图 4-3　人才管理流程

4. 通过组织运作、数据与 IT 平台，进行结果评估与质量管理

华为通过人力资源领域的专家（Center of Expertise 或 Center of Excellence，COE）和人力资源业务合作伙伴（HR Business Partner，HRBP）协同配合组织运作，基于人才数据分析、人才管理平台应用，支撑人才管理工作的有效运作，确保人才有序开展工作，实现预期的战略结果。

2004 年，华为将人力资源的 SAP 系统转换为 Oracle 系统，形成业务、财务和人力资源统一平台，并持续进行人力资源管理流程的固化和 IT 化，大大减少了事务性和操作性工作。2011 年，华为上线 HRSSC 在线平台，实现了基础人事服务、管理者自助服务和员工自助服务的在线化，有效地提高了运作效率，支撑了人力资源的数字化转型。

人才管理的对象

华为人才管理的对象是由各类不同人才构成的人才金字塔。人才金字塔涵盖了公司所有员工，甚至包括金字塔外部的优秀人力资源。华为根据人才在公司战略实现过程中的不同价值定位，按所承担责任的性质进行人才分类，按所承担责任的重要性进行人才分层。

过往的实践证明，金字塔管理能够有效避免权力和管理责任的混乱，在过去很长一段时间里，华为也坚持采用这样的管理模式。可是，随着企业发展得越来越快，对人才的需求越来越大，任正非发现，传统的金字塔管理存在局限，在人才发展和选拔上存在一些问题，在严格的管控下，一线人员无法及时根据市场需求做出应对，这对华为的发展无疑是不利的。

所以，华为在 2016 年提出"炸开"人才金字塔塔尖，使人才管理的范围扩大，支撑公司持续做大做强，即改变金字塔架构的上层领导管理结构，划分出更多的位置（即蜂巢），让更多优秀的领导层人才（即蜂子）"飞"进来，成长起来，并有效发挥作用。

人才金字塔指导公司各级组织针对不同人群建设面向对象的人才管理机制与解决方案，以满足公司战略与业务发展对各类人才的数量、质量和结构的要求。

人才金字塔包括以下人才群体：位于云端的思想领袖与战略领袖，构成主体的商业管理者、职能管理者、业务专家、基层管理者、业务骨干、基层员工，以及为实现未来战略而储备的一定数量的管理高潜人才和技术高潜人才（见图 4-4）。

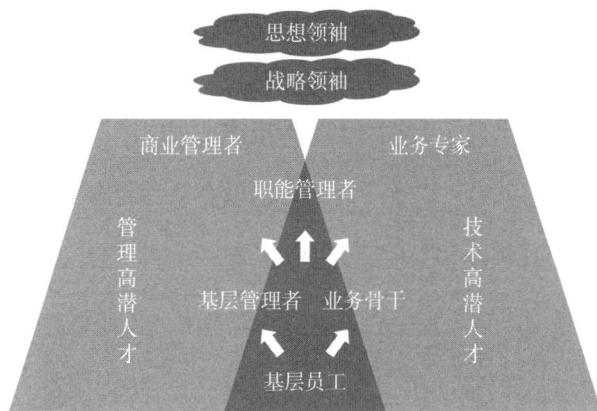

图 4-4　华为人才金字塔

1. 人才金字塔的云端

思想领袖和战略领袖是华为金字塔顶层的人才。

思想领袖提出事关公司长期生存的商业、管理与技术的思想理论框架，帮助公司明晰未来的整体发展模式与战略格局规划。思想领袖不仅关注商业和技术，还关注管理哲学。当前，任正非就是华为的思想领袖。

任正非是一个天生的思考者，他更愿意通过文字来表达思想，而非做大众演讲。一方面，他是个"冥思者"，长达几个月、几年地执着思考某个观点；另一方面，他又善于与高层团队、外部专家、客户、学者等不断切磋，在信息充分开放的环境中完善自己的思想，使之成熟，并且体系化。

任正非说："我们没有任何背景，也没有任何资源，我们除了拥有自己，其实一无所有。""一切进步都掌握在自己的手中，不在别人的手中。""制度与文化的力量是巨大的。"这就是华为成功的"神秘力量"。"我可以告诉你，释放出我们 10 多万名员工的能量的背景是什么？就是近 20 年来，华为不断推行的管理哲学对全体员工的洗礼。如同铀原子在中子的轰击下产生核能量一样，你身上小小的原子核，在价值观的驱使下，发出了巨大的原子能。"

今天，我们回头审视任正非的一系列讲话、观点，让人惊异的是，他的基本思想从未改变，那就是：以客户为中心，以奋斗者为本，长期艰苦奋斗。正如任正非所言："是什么使华为快速发展呢？是一种哲学思维，它根植于广大骨干的心中。这就是'以客户为中心，以奋斗者为本，长期艰苦奋斗'的文化。"

这便是华为秉持的核心价值观。在此基础上，华为又进一步形成了"开放、妥协、灰度"的管理哲学。这6个字让任正非和他的高层领导集体反复体悟、咀嚼了20多年，他们将其不断地丰富和系统化，使之成为华为有别于其他企业的文化胎记。

"思想有多远，我们就能走多远"，这句话无形中为华为持续成长做了最好的注脚。对中国企业界来说，华为不仅仅是一家输出优质产品、行业标准、先进的管理制度的企业，更是一家输出思想的企业。任正非的思想不仅仅作用于华为员工，更超越了华为，在中国大地上产生了广泛而深刻的影响，也启迪企业家们在繁忙的经营之余，静下心来，做些深层次的思考。任正非其实已经从企业经营管理者转变为哲学文化上的思想领袖了。思想对社会产生的价值更大，意义更为深远，而且思想具有"金刚不坏之体"，可以纵横千里，流传百世，不受时空限制。

战略领袖将指导思想转变成全公司层面的战略框架与规划，为公司持续获得商业成功负责。战略领袖关注全局，为公司在全球构建战略格局提供方向，同时让公司明确战略目标。战略领袖的主体是对公司级领域战略承担主要责任的高层主管。

提到战略领袖，不得不提华为消费者业务总裁余承东——一个被外界戏称为"余大嘴"的华为老将。余承东于 2011 年掌管华为消费者 BG，在此之前，手机业务在华为占比很小，如今，手机业务已撑起了华为的半壁江山。其中，余承东无疑立下了汗马功劳。而在 2008 年，华为曾一度准备将终端部门卖掉，但由于金融危机，交易没有实现。2011 年以前，华为手机业务主要是给运营商做贴牌机，效益非常稳定。余承东等人力排众议，说服任正非开始转型做自有品牌手机。前三年，终端部门的业绩一直不理想，余承东承受了巨大的压力，直到华为 P 系列手机取得了成功，这项业务才在行业内站稳了脚跟。余承东在负责消费者业务后提出七大战略调整：①从运营商定制转向自有品牌；②从低端向中高端转型；③放弃不赚钱的超低端功能手机；④启用海思自有芯片；⑤开启华为电商之路；⑥启用用户体验 Emotion UI 设计；⑦确定硬件世界第一的目标。现在回顾，这些战略调整都取得了巨大的成功。

2. 人才金字塔的主体

商业管理者、职能管理者、业务专家是影响公司未来战略的关键人才，基层管理者、业务骨干与基层员工是人才金字塔的底座与基石，他们影响组织效率，关键人才就从他们当中产生。

商业管理者负责本组织从战略规划到战略执行的全流程战略管理，全面管理经营活动的端到端综合业务，直接承担商业风险和经营结果责任。商业管理者需要具备与积累全面经营管理的跨领域管理和管理客户关系的经验，并持续提升战略思维、组织建设能力，以驱动干部组织进一步发展。商业管理者直接承担一定的经营结果责任，负责所有与经营活动相关的管理工作，典型岗位包括业务总裁、地区部总裁、大 T 部长[⊖]、国家代表、BU 总裁（产品线总裁）、子产品线总裁、产品领域总经理。商业管理者是华为金字塔人才管理结构上层的复合型高端人才，应具备强烈的竞争意识、开拓意识，能够开创业务新局面。

职能管理者负责本职能领域的业务规划，管理专业职能，承担流程管理和决策责任，培养专业的组织能力，并且作为本职能领域的代表，为商业成功提供支撑。职能管理者应具备 Outside-in 的思维[⊜]，提升战略思维、专业洞察、协作与影响力，以提高本职能领域业务与流程的效率。职能管理者承担各专业族、类的组织能力发展和体系建设职责，从事被定义为 19 级及以上的职能管理岗位。职能管理者是华为金字塔人才管理结构上层的运营型高端人才，具备较强的企业经营意识、组织协同意识，因而能够有效协调资源，优化内部运作。

业务专家承担本职能领域的业务、技术规划，牵引专业与技术的发展方向，引领导向商业成功的创新，主导专业解决方案的设计和实施，为战略制定与执行及商业成功提供专业能力和决策支撑。业务专家应在本职能领域或多领域积累深厚的专业知识，在深刻理解公司战略和商业成功的基础上，充分发挥专业影响力和技术领导力，系统地提升本职能领域人员的专业能力。

⊖ 大 T 是指全球 TOP 50 的运营商客群。大 T 部长是指分管某一大 T 客群业务的部门负责人。
⊜ 从外向内看，从更大的视野和格局思考，从用户角度思考。

业务专家被定义为 19 级及以上的专业岗位人员，其中高端专家主要包括 21 级及以上专业岗位人员。业务专家是华为金字塔人才管理结构上层的技术型人才，能够紧盯国际前沿，制定企业在行业领域的发展规划和中长期战略，引领企业持续开展科技创新工作。业务专家的专业技术素养极高，学术态度严谨，逻辑思维缜密，能够较好地引领科技团队，完成企业赋予的产学研任务，同时，他们具有较强的全局意识、大局意识，能够与企业其他部门积极沟通、配合，将各部门的管理合力转化为企业的创新力、生产力。

> 商业管理者、职能管理者、业务专家 3 类关键人才承接公司的战略框架和规划，负责做出相关管理决策和专业决策，确保公司取得商业成功。这 3 类岗位均要求人才在相应的发展方向上积累深厚的经验，有使命感，把握前进方向，展现公司发展所需的领导力，传承公司文化与价值观，成为兼具业务深度与广度的 T 字形人才。

基层管理者承担基层实体组织的管理责任，承担基层人员管理责任、基层人员管理和基层业务运作管理职责，协助高层管理者达成战略分解的业务目标。基层管理者要具备扎实的专业能力、合格的人员管理能力，以及项目管理与经营能力，以提升基层组织的运作效率和客户满意度。基层管理者被定义为 18 级及以下管理岗位人员。基层管理者也是一线管理者，是华为金字塔人才管理结构异化发展中脱颖而出的偏重技术管理的复合型人才。这些人才有的来自研发一线，有的专业从事企业管理，公司对他们的基本要求是：具备一定的管理技能和技术技能，熟悉分管领域的任务要求、工作职责，能够较好地规划、安排企业生产任务和工作任务，保证工作实施的进度和质量，他们应具备较高尚的人格魅力，较强的协调能力、应变能力，能够及时协调、处理好职责范围内运营、技术等方面的问题。

业务骨干承担本领域业务模块职责或部分承担项目管理职责，实现业务目标。业务骨干应具备扎实的专业能力，提升本模块的运作效率。承担模块或项目管理责任者还要具备基本的人员管理和项目管理能力。业务骨干被定义为15～18级专业员工。业务骨干是华为金字塔人才管理结构异化发展中脱颖而出的偏重技术的复合型人才，通常具有较高的专业技术素养和较丰富的专业知识储备，能够牵头完成企业赋予的研究开发、技术革新、安装部署等任务，也能够胜任一定的技术管理工作，是华为持续创新发展的基本支撑。

基层员工承担基层业务或负责项目的具体执行工作，为工作成果负责。基层员工应具备专业技能与职业素养，保障业务执行的效率。基层员工被定义为14级及以下的员工。华为推崇基层员工内生的新生力量。基层员工是华为金字塔人才管理结构的基石，根据《华为基本法》，华为的基层员工首先要具备责任意识、创新精神、敬业精神与团结合作精神，其次才应具备岗位所需的基本技能，才能在企业的各项工作中发挥作用。同时，基层员工也是业务骨干、基层管理者、职能管理者等金字塔上层人才的主要后备力量。

3. 管理高潜人才与技术高潜人才

高潜人才是指绩效持续突出且行为与思维模式表明其具备潜力，可快速胜任关键岗位的少量后备人才。华为的高潜人才包括管理高潜人才与技术高潜人才两类，高潜人才的培育重点在于采用能使其脱颖而出、加速发展的管理机制。

高潜人才管理通过破格提拔、提供快速成长通道、持续赛马和筛选等方式，快速补充商业管理者、职能管理者和业务专家资源，打破平衡，激发组织活力。

金字塔架构的有效运转需要一定的制度、机制作为保证。贯彻公司针尖战略、简化组织管理、优化组织绩效、健全分享机制是华为金字塔人才管理结构发挥作用的重要保障。

人才管理流程概述

人才管理流程及解决方案承载了各项人才管理的日常业务，是按照人才管理框架采取的具体措施，它包括以下几个部分。

1. 人才获取

在人才获取阶段，公司以人才需求为前提，遵照专业任职资格标准和干部标准，通过人力规划、内部人才市场调配、外部人才市场招聘、人员租赁或外包、继任计划管理、专业任职资格认证管理等人力资源业务的开展，保障合格人才资源的供应能持续满足公司战略和业务发展的需求。

2. 人才使用

在人才使用阶段，公司以责任结果为导向，基于岗位的具体要求，综合考虑公司业务需要和员工的意愿及能力，通过任命管理、上岗管理、个人绩效管理等人力资源业务的开展，让合适的人在合适的岗位上实现最佳的绩效，创造价值，支撑组织目标达成。

3. 人才激励

在人才激励阶段，公司以奋斗者为本，以责任结果为依据，综合运用物质和非物质激励工具，使创造价值的员工获得合理的物质回报以及更多的成长机会，与公司共同成长。

4. 人才发展

在人才发展阶段，公司贯彻"以员工自我负责为主，公司协助为辅"的管理方针：遵循在实践中发展，从实践到理论再到实践循环提升的发展原则；以专业任职资格标准和干部标准为牵引；通过上岗赋能、在岗学习、"之"字形成长等岗位历练，以及高级管理研讨、项目管理与经营短训等一系列多元化的发展方式，有效传承核心价值观与管理哲学，不断提升公司人才队伍的专业能力与领导力，从而实现组织能力的持续提升和人才资产的不断增值。

5. 人才监管

在人才监管阶段，公司遵循强化思想引导、查处分离、分权制衡、分层授权、宽严相济的原则，通过遵循商业行为准则（Business Conduct Guideline，BCG），坚持开展教育和纪律管理、业务内控管理、工作作风监督等一系列工作，在充分授权干部、员工放开手脚工作的同时，也使其在思想和行动上保持高度警觉，形成内部合规、外部合法的工作环境。

第五章

专业人才管理实践

年轻人应挺起胸膛，到最艰苦的地方去，到最艰难的
工作中去，到最需要你的地方去。先学会管理世界，
再回来学会管理公司。

——任正非

华为人才标准

优秀的人才是简单的

任正非 2006 年曾以总裁办电子邮件的形式内部发文《关于要求学习〈企业选择优秀人才的标准——简单〉的决议》，决议提到：经 2006 年 7 月 3 日 EMT 办公会议集体审议，决定将《企业选择优秀人才的标准——简单》一文列为干部学习文件，并要求人力资源管理部、华为大学、各干部部组织学习，要求"人人有心得"，在干部考核时，个人心得要作为参考。

文章内容如下。

昨天晚上一位记者采访时问我："你认为企业当中最优秀的人才、顶尖的人才应该具备什么样的素质？"一般来讲，企业对选拔这样的人才都会讲出三四条、五六条甚至七八条标准，我只用一个词回答了他，那就是"简单"。

此简单不是头脑简单，而是思想简单。心里不长草，唯有目标和效果。

我们公司中的一些人才自己很优秀，但没有影响力，原因何在？

他们很会洁身自好——"我自己学习，我自己什么都会，我什么都懂。"既然把你放在了管理者的岗位上，既然你做团队的领导者，仅仅自己做好绝对不是洁身自好，自己洁自己的好有什么用？"独木不成林"，群体的力量才能让我们战无不胜。管理者的职责就是带领团队实现团队的价值，使每位员工都发挥最大的价值。

你为什么没有影响力？是因为你没有去推动别人。

你为什么不去推动别人，看到别人没有长进不指出来？是因为头脑里长草，怕别人对自己的行为评头论足、说三道四，没有勇气站出来承担责任，没有胆量站出来管理，或者根本就是怕他人进步，怕他人超越你，因此拒绝帮助他人。自己明明是对的却不去传播给别人，自己的思想变不成下属的行动，自己的文化不能成为下属的文化，没有为社会创造财富，没有使消费者满意，什么工作都起不到效果，而这一切，恰恰是因为你想多了，头脑复杂化了，这反而成为行动的牵绊。

没有影响力的人才，不是真正的人才。人类是群居的种群，我常以蜜蜂做类比，个体与团队的关系就像蜜蜂跟蜂群。如果我是工蜂，我就负责起做工蜂的职责；如果我是蜂王，我就得承担繁衍的重任。大家可别认为蜂王轻松，蜂王是最辛苦、最不得自由的，它们藏在阴暗的角落里，就是生产的机器，我们只看到蜂王享用蜂王浆，工蜂辛辛苦苦只吃蜂蜜，没有看到蜂王在蜂群中的决定性地位。我们的人才犹如蜂王，拿着高薪，就应该承担团队兴旺的重大责任，就要负起责任，带领整个团队提高，而不是在其位不谋其政。

这种以目标和效果为导向的思维简单化的人才，是企业需要的人才，他们会带领团队管理向制度化、流程化，继而简单化的方向发展，而且在这种氛围营造的机制中，企业很容易选出其需要的真正的人才。

什么样的人是最有信心的人？答案是最简单的人！唯有简单的人，才有更多的精力创新，犹如修剪过枝枝杈杈，树木才得以向高处发展，这是我们整个事业的需要，也是每个人健康成长、每个人能够快乐的需要。这样一个简单的人，哪怕遇到再大的压力和困难，只要心中有目标，他就能积极、乐观地面对，他会觉得很简单，并觉得克服困难的过程很幸福、很充实。现在，我们欠缺的就是这种思想简单的人，欠缺这种有赤子之心、敢管敢干、唯公司大局和目标是从、一马当先、浑身是胆的人才。最优秀的人才，对社会、对公司最有价值的人才，其最根本的品质就是简单。如果这种人才能够成为主流，制定简单化、操作性强的管理流程，相信，拥有这种人才的企业不兴旺都难。

华为的顾问吴春波老师在解读任正非荐文后写了他的感悟，他在文章中是这样总结的。

做一个简单的企业人，必须有整体观和未来观，以企业利益和客户利益，而不是以个人利益，作为选择和判断个人工作绩效的标杆。

做一个简单的企业人，关键在于聚焦，聚焦客户价值，聚焦组织贡献，聚焦个人绩效，聚焦职业化能力的提高，聚焦整体和未来的目标。

做一个简单的企业人，必须围绕工作效率消除工作中人为的或非人为的烦琐因素，致力于效率的不断提升。

做一个简单的企业人，必须构建一种和谐、简单的人际关系，以企业的价值观为准则，脱身于繁杂的人际关系，以企业利益和工作流程为基础，在互助和求助的过程中，创造价值。

做一个简单的企业人，必须善于忘记，抛弃以往工作中的恩恩怨怨，轻装上阵，做好当下的工作，为未来的工作集聚潜力。

做一个简单的企业人，必须善于透过现象看本质，善于抓住问题的短板，集中力量，协调资源，解决关键问题。

这6个排比句，非常直观明了地阐述了"简单"二字背后的含义。我想，作为简单之人，应该聚焦目标，心无旁骛，注重工作效能，在工作中抓主要矛盾，持续优化工作和业务流程，去除不增值的环节。

华为人才的核心素质

华为认为认真负责和管理有效的员工是华为最大的财富。华为首席财务官孟晚舟在清华大学宣讲时提到，华为的人才具备的核心素质是：胸怀世界、坚韧平实、洞察新知。

1. 胸怀世界

华为认为，真正的人才不会愿意在一个平庸、安逸、缺乏挑战的环境中虚度光阴。胸怀世界就是要做有大格局和大视野的人，需要敞开胸怀、拥抱世界，眼光向外，立足于全球。因此，华为希望人才具备高瞻远瞩的战略眼光，愿意迎接世界性的问题和挑战，在解决难题、面对挑战的过程中拓展自己的视野和胸怀。"最优秀的人解决最大的问题"，通过对大环境、大趋势进行深入的研究，把握变化中的机遇，积极推进华为抢占国际战略制高点、战略机遇；在世界大环境、地区大格局的背景下，具备较好的产品规划、业务规划、市场规划、团队规划等规划设计能力，能够将华为"针尖战略"、"和平崛起战略"转化为实际计划和具体任务，不断使机会、人才、技术、产品4种力量和谐牵引，促进它们良性循环发展。

2. 坚韧平实

华为提倡工匠精神，提倡不浮躁、不急切、一步一步努力进取。坚韧平实是一种敬业精神，也是一种作风修养。华为创新发展路上会面临各种挑战、各种压力，需要人才具备坚定的意志和不屈不挠、锲而不舍的敬业精神，以支撑企业获得持续创新发展。虽然华为取得了很多引人瞩目的成绩，但华为希望人才心态不浮躁、不要取得一点成绩就盲目自大、骄傲自满，要充分认清自己，经常对工作进行回顾、反思，以踏实的心态面对已经取得的成绩，戒骄戒躁，勇于攀登，争取再立新功。

3. 洞察新知

在变革时代，唯一确定的就是不确定性，只有不断学习、发现、认知和理解，才能应对未来的不确定性。知识经济时代新概念、新理论、新技术层见叠出，新知识引发的产业布局调整、运营模式变革对企业的生存发展尤为重要。因此，人才不但要持续关注国际前沿的发展动态，还要结合企业战略发展布局和企业创新特点深入洞察新概念、新理论、新技术的本质与内涵，推进新知识向华为的主航道聚焦、向华为边界方向拓展，进一步促进华为的延续性创新和颠覆性创新。

华为人才的分级标准

华为强调不论学历背景，进入公司后一切以能力和业绩说话，其中，任职能力的衡量标准就是公司任职资格体系。

1997年年底，华为高层赴英国考察NVQ体系，他们了解到NVQ体系对每个具体的职业都有相应的任职资格认证标准，认证标准划分为1～5级，每一级都有相应的详尽的达标要求和认证方法。华为当时有80%的员工来自学校，他们在专业知识与实际解决问题的能力之间普遍存在差距。NVQ是一套完备的体系，它能使员工尽快从学校人转变成企业人。NVQ为每个职业设计了各级标准，对员工该做什么、应该取得何种效果都有详细的规定，各级的能力要求皆有所不同。通过NVQ认证，每个员工可以清楚地知道自己的能力水平，看到自己目前所处的位置。这一体系可以帮助华为公司建立一支稳定的职业化员工队伍，成为各种专家不断涌现的土壤。

1998年，华为公司正式启动任职资格体系建设工作，通过两年的时间，华为公司专业任职资格体系初步建立，不同级别人员的任职标准基本明确，管理和专业发展的双通道体系逐步构建（见图5-1）。到2019年，华为已建立15个公司级专业委员会，发布了170多套专业任职资格标准文件，通过任职资格体系的牵引，华为人才的水平得以统一。

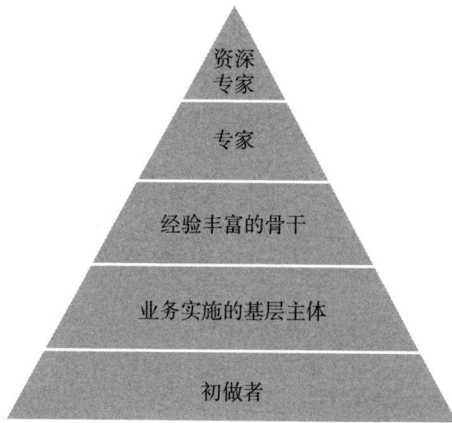

图 5-1 华为任职资格等级

人才规划

华为坚持科学的人力规划流程。华为每年的人员数量、质量及人员增长的节奏都通过人力规划（Workforce Plan, WFP）进行梳理和确定。华为的人才规划强调"精兵规划"，重点关注影响战略的"关键人才"。

很多企业在做人力规划的时候陷入困境，因为它们不知道基于什么来做人力规划。做好人力规划的基础是要有清晰的业务规划，企业的业务规划至少应回答如下问题，才能为人力规划提供指引。

- 企业未来 3 ～ 5 年的战略方向是什么？

- 基于此方向，公司中长期的发展计划是什么？（企业在产业链的哪些环节提供产品和服务？服务于哪些客户？）

- 围绕此目标，各部门如何做中长期发展计划？

- 战略里程碑及衡量指标是什么？

我们用图 5-2 来展示战略和人力规划的关系。

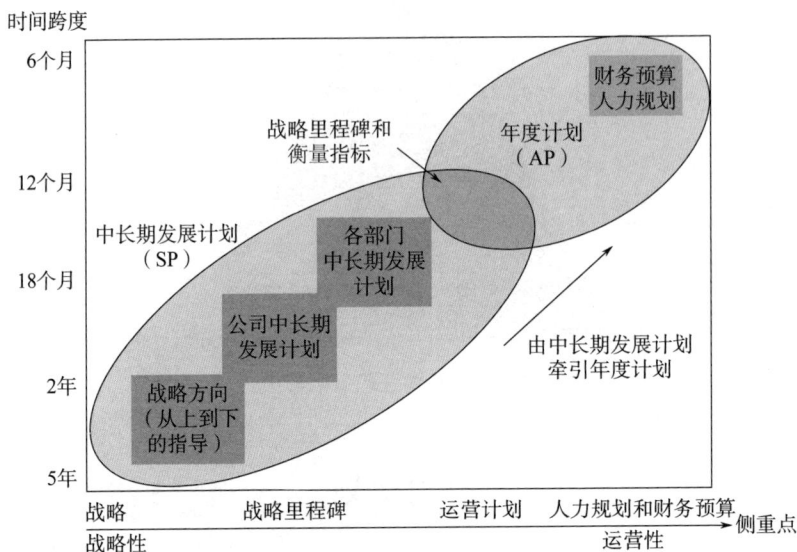

图 5-2　从时间维度看战略与人力规划的关系

明确战略后，接着就要了解人力规划的具体步骤了，我们对人力规划的 3 个步骤进行具体分解，得出以下内容。

（1）业务需求澄清是指通过理解与分析经营战略，明确支撑经营战略的人力资源战略。需求澄清的步骤如图 5-3 所示。

（2）人才供给分析包括内部人员能力和结构现状诊断及外部人才市场分析。其中内部人员能力和结构现状诊断关注层次结构、类型结构、人员布局、人员效率及其他（如流动率、工作时间等）方面；外部人才市场分析关注友商资源、高校资源、产业链资源等。

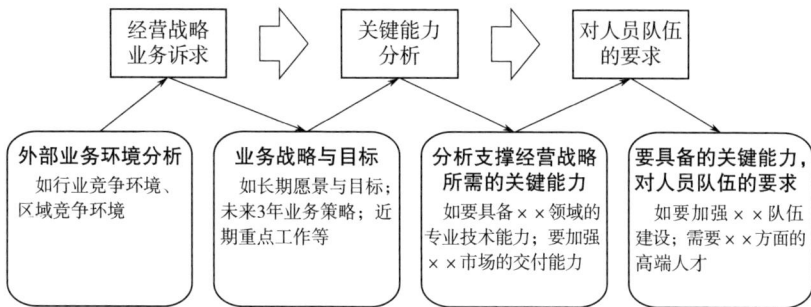

图 5-3　需求澄清的步骤

（3）人力规划包括人才配置规划、人才获取策略及行动计划。

- 人才配置规划包括人力规模预测、不同专业类型人员（比如研发、销售、生产、服务等）层级结构优化目标、不同类型人员间的配比、人员布局方案等（见图 5-4）。

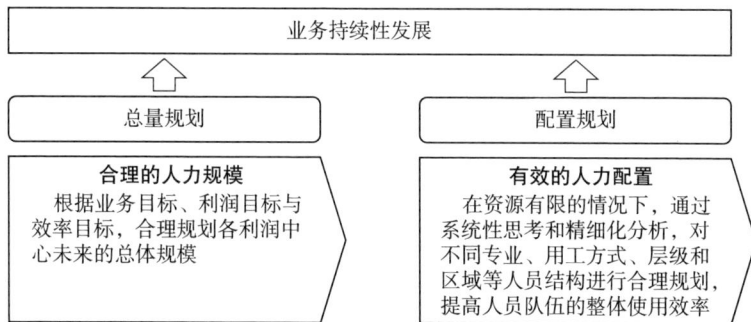

图 5-4　人才配置规划

- 人才获取策略包括明确哪些情况下通过内部调配、哪些情况下通过社会招聘、哪些情况下通过校园招聘、哪些情况下通过外包的方式满足人才需求（见图 5-5）。

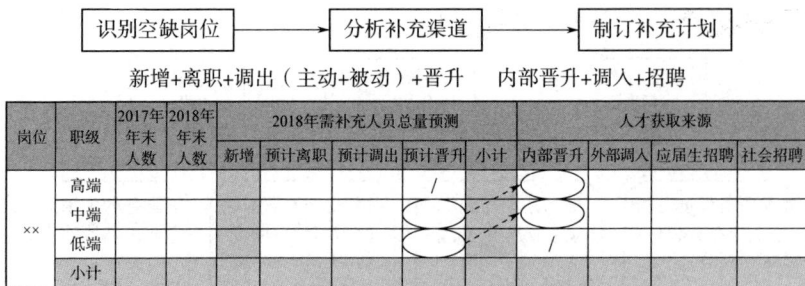

识别空缺岗位 → 分析补充渠道 → 制订补充计划

新增+离职+调出（主动+被动）+晋升　　内部晋升+调入+招聘

岗位	职级	2017年年末人数	2018年年末人数	2018年需补充人员总量预测					人才获取来源			
				新增	预计离职	预计调出	预计晋升	小计	内部晋升	外部调入	应届生招聘	社会招聘
××	高端						/					
	中端											
	低端							/				
	小计											

图 5-5　使用人才获得策略满足人才需求的步骤

- 行动计划包括年度外部招聘计划（由校园招聘、社会招聘、高端招聘 3 个部分构成）和内部调配计划（由战略调配、指令性调配、常规调配 3 个部分构成）。

人才获取

招聘水平是人才获取的执行力。谷歌的招聘信条是："聘用最优秀的人，永远不要在质量上将就。"华为认为在人才选拔过程中，最大的成本不是招聘成本，而是选错人带来的影响企业发展的机会成本。胜任岗位的人才能把事情做成，而不胜任的人就会把事情搞砸。找到对的人将大大提升企业业务发展的效率，帮助企业抓住发展机遇，赢得竞争。华为在招聘中一直很重视以下几个方面的工作。

（1）重视人才关系管理，主动营销，保持与内外部人才的联结。人才关系管理是招聘质量与效率的前提，华为人力资源管理部的招聘调配部有个下设部门叫作高校联络办，该部门的主要职责是维护与各高校的合作关系。很多企业在招人的时候才开始启动招聘工作，而华为将人才关系管理当作招聘团队的一项长年持续性的工作开展。华为与高校的合作方式包括提供奖学金、建立联合创新实验室、建立战略合作关系等，这些合作不局限在国内高校，欧美众多高校也都与华为有技术方面的合作。

华为与中国高校的合作项目最早开始于 1997 年 5 月，当时，华为和中国科学技术大学联合成立了"中国科大 – 华为信息技术研究所"。此后，华为与高校的合作形式进一步发展为与一些高校共建实验室、学科专业、ICT 学院，设立人才基金，提供智慧校园建设管理服务等。

华为合作的高校层次多样，且数量很大，仅华为信息与网络技术学院一个项目的合作高校就有 274 所。华为与高校合作形式"因校制宜"，这在华为与中国海洋大学、南京信息工程大学、四川传媒学院等特色高校合作方面有很强的体现。

在与海外院校合作方面，华为投入巨资，与综合实力排名世界前 100 名的大学或多或少都有合作，并且科研成果丰硕。

（2）重视人才的素质与潜力，设置高质量的人才需求标准。华为众多优秀高管均得到了公司的内部培养，他们在"炮火"中成长，这是华为的传统，也是一种向心力和凝聚力。华为将应届生招聘定义为战略性人才储备。20 多年来，华为从核心重点院校招聘了大量毕业生。每年的招聘季，华为会派出副总裁以上级别的高管亲临现场开展特色宣讲会，毕业生招聘岗位按大类划分为研发类、销售类、服务类、供应链类、财经类、法务类、人力资源类、业务支撑 8 大类。华为所有岗位都面向世界各地，应届生有大量的机会到全球各地工作和历练，职位的选择面非常宽广。华为认为素质和发展潜力比专业重要，只要毕业生在自身专业领域足够优秀，华为都愿意提供用武之地供其施展才华。

为找到最有潜力的学子，华为还组织面向高校的挑战赛，包括软件精英挑战赛、销售精英挑战赛、网络技术大赛和财务精英挑战赛。这四大赛事旨在让在校学生参与真正的实战项目，接触前沿科技，在实践中拓展视野，提升实力。通过赛事的运作，华为的校园招聘关口前移，有助于公司提前识别和锁定更愿意打破常规、勇于探索的优秀人才，提高校园招聘的精准度。同时，赛事的宣传推广也为华为的雇主品牌提供了更多的露出机会。

（3）重视招聘面试官管理。华为明确用人部门主管是招聘工作的第一责任人，在招聘面试中的每个环节，面试官均需要通过相应的资格认证，公司确保用最优秀的人去招聘更优秀的人。面试能力是衡量管理者人才选拔能力的重要标准之一，公司可以通过追溯招聘质量识别管理者的识人能力，对于识人能力弱的干部，其进入行政管理团队的职业路径将受到影响。为了更精准地评价高级别岗位人才情况，华为采取多人同时面谈、集体评议、一票否决的方式。

华为认为，招聘人员既要对企业负责，也应对应聘者负责，要树立"优秀不等于合适，招进一名不合适的人才是对资源的极大浪费"的观念。在华为，招聘部门会在每年年初主动参与公司和各业务部门的人力资源规划工作，深入了解公司和业务部门提出的用人需求，并采取合适的招聘策略，确保能及时为企业输送所需人才。为了保证招聘的实际效果，华为建立了面试人员资格管理制度，对所有面试官进行培训，合格者才能获得面试资格。而且，公司每年都会对面试官进行资格考核，如果因为某位面试官把关不严格，由他招聘来的员工与岗位需求偏差过大，那么这位面试官将被取消面试资格。

招聘人员是公司招聘人才的第一道门槛，如果这些人自身素质不够，那么公司不可能指望他们独具慧眼，选拔出公司需要的优秀人才。

上述3个重视保证了华为的人才质量，为华为的业务发展奠定了坚实的基础。同时，企业家对人才的重视也是企业发展必不可少的条件。创始人任正非也为华为人才招聘做出了巨大贡献。他青少年时期生活困顿，后来于人生低谷时创建华为，饱经苦难之后，他身上散发出独特的人格魅力：睿智、从容、求贤若渴。这为华为吸引了一批人才：华为的研发大将郭平研究生毕业后，被任正非发掘；郭平加入华为后，为华为"带来"了郑宝用。华为第二款自主研发的产品就是郭平主持研发的，而郑宝用一来就被任命为总工程师。

光靠情怀和梦想，无法支撑长久的人才供应体系。华为对人才的吸引除了梦想和情怀，还包括有效的激励体系。早先年，员工初来华为都经历过一段梦幻般的涨工资期。但华为在创业期资金困难时，也出现过给员工发一半工资，另一半记账打白条的情况。事实证明，华为打的白条都兑现了，任正非的信守承诺也获得了员工的高度信任。这就解释了为什么华为股票没有一张凭证，却能让几万员工都愿意掏钱购买。

企业将人才吸引过来以后，要想留住人才，很重要的一点就是强化企业价值观引导，企业通过塑造共同价值观，培养员工对企业理念和企业愿景的认同。

在持续的企业经营活动中，任正非发现，员工若是不认同企业，即使拥有再强的能力，他们也不会心甘情愿地施展出来，而一旦有机会找到更符合自己理念的企业，他们便会毫不犹豫地远走高飞。

近年来，华为在员工入职培训和入职后的强化训练等活动中着力加强价值观的塑造和传递工作，这样，华为文化的种子便种在了员工的心里，慢慢地生根发芽。近些年，华为高管离职的消息已经很少了，华为公司也越来越像一块真正的铁板。

招聘业务流程

在人才获取方面，华为制定了一套有效的招聘业务流程，流程主要包括以下四个步骤。

（1）招募阶段。招聘人员先通过简历初步筛选出合格的候选人，然后按照简历的优先排序预约候选人进行面试。

（2）面试阶段。面试包括业务面试、素质面试、心理测评、集体面试和综合面试5个环节，主要从候选人能否胜任岗位、是否符合公司的文化、是否具备基本素质这3个方面考核，同时还要看候选人的个人意愿。通常，候选人选择企业时最关注3个方面：第一，企业薪酬能否达到他的期望；第二，是否有学习成长和长远发展的空间；第三，是否符合他对组织氛围方面的需求。

（3）聘用阶段。招聘人员做录用决策及发出录用通知。录用决策在面试官填好并审批面试材料后做出。华为人力资源部会审核某职位是否有人力预算（人力编制），薪酬是否符合公司的标准。

（4）到岗跟踪。在录用通知发出后，华为人力资源相关负责人还需要跟踪人才的到位情况，为促进录用人对公司的了解，还会安排录用人参观公司总部或全球各区域的机构，为录用人提供生活安置指引、进一步解释公司相关人才管理政策规则等，提高录用人的有效到岗率。

招聘面试方法

华为在招聘面试时主要采用两种方法：行为事件访谈法（Behavior Event Interview）和集体面试法（Group Interview）。

1. 行为事件访谈法

行为事件访谈法通常为一对一的形式，面试官从面试者过去经历的真实事件（科研、实力、工作等）中判断其能力与素质水平，而非只是了解候选人对事物的看法、假定事项和抽象的观点。面试时，候选人要讲清楚关键任务是个人行为还是团队其他成员的行为。面试官通过完整、关键的事件细节了解候选人的能力和素质，包括怎样分析和处理面试过程中具体的困难或问题。

行为事件访谈中的问题通常为 STAR 结构，因此这一面试方法也被称为 STAR 面试法。

- 情境（Situation）：你是在什么情况下接受的任务？在项目中，你承担什么样的责任，汇报关系是什么样的？

- 任务（Task）：你接受的项目内容是什么？项目的规模、性质如何？技能与项目要求的匹配度如何？

- 行动（Action）：你具体采取了哪些措施？遇到了什么困难？如何解决这些困难？压力如何？如何应对这些压力？

- 结果（Result）：项目最终结果如何？你对项目的贡献如何？收获是什么？改进点是什么？

2. 集体面试法

华为通常会在应届生招聘中采用集体面试法进行人才筛选。集体面试又叫作无领导小组讨论（Leaderless Group Discussion），是面试中一种常见的测评技术，即面试官采用情景模拟的方式对应聘者进行集体面试。它通过给一组应聘者（6～9 人）一个问题（社会问题、与工作相关的问题），让应聘者进行一定时间（60 分钟左右）的讨论（求同存异、说服对方），以此综合考量应聘者的表达能力、沟通能力、分析能力、领导能力、团队意识、亲和力、影响力等。

集体面试和行为事件访谈有些不同，具体差异如表 5-1 所示。

表 5-1　集体面试与行为事件访谈的差异

要点	集体面试	行为事件访谈
形式不同，程序有差别	小组	个人
交流对象不同	应聘者之间	应聘者与面试官
行为模式反映程度不同	较直接	较间接
公开程度不同	较强	较弱
互动程度不同	较强	较弱
考题设计有差异，考察难度不同	较大	较小

在华为集体面试的过程中，面试官重点会从以下 4 个角度对候选人进行识别和评价。

- 参与度。谁先发言？每个人参与有效发言的次数（发言主动性）是多少？

- 观点表达。提出的观点是否合理？是否对提出的观点进行了分析和论证？所持观点能否对团队成员产生影响？

- 角色贡献。在讨论过程中，是领导者、组织者，还是总结者、破冰者……对整个讨论做出了什么贡献？

- 人际影响力。谁主导了讨论过程？谁推动了讨论进程？是否具有亲和力？是否具有团队意识？

招聘人才及渠道

华为在人才管理过程中，强调人岗匹配，人尽其才、才尽其用。招聘人才之前，面试官需要明确人和岗的匹配性，明确岗位属性，再开始人才招聘流程。招聘是华为人才战略实施的重要环节，用华为内部语言来讲，招聘已经不能叫招聘了，而叫人才争夺。华为公司招聘的人员分为 3 个层级：第一部分是基础人才，基础人才的需求量很大，每年来自高校的生源都有几千甚至上万人；第二部分是中层人才，他们有一定的技能，公司要进入新领域时，为补充组织能力需要引入的相关人才就是典型的中层人才；第三部分是高端人才，他们需要具备全球视野，是那些在专业领域卓有建树的领军人才。

虽然华为采取的高薪策略使其在人才获取上相对容易，但长期以来，对优秀人才的渴求以及庞大的招聘数量，让华为在挖掘人才时一直颇具"狼性"。近 10 年，华为年均招聘人数在 1.5 万人左右，其中校园招聘和社会招聘是人才获取的主要渠道，高端招聘则是聚焦领军人才、业内高水平专家的招聘。

1. 校园招聘

华为的校园招聘由公司人力资源管理部负责组织。校园招聘工作是华为人才战略的重点之一，是华为持续成长的核心能量来源。华为公司的最高管理层每年都参与招聘的讨论和决策工作，讨论的主题甚至包括每个高校宣讲的高层管理者的具体人选、招聘小组综合面试人选的审定等。早期华为以国内"985"和"211"高校为目标院校，随着公司业务的发展、规模和地位的提高，华为目前已将目标院校定位为全球范围内的知名院校，包括欧美名校。人才构成更加多元化，能更好地支撑华为的全球化业务开展。

2. 社会招聘

社会招聘主要由各业务部门干部部统筹实施。华为社会招聘的渠道非常多样，从早期的人才市场到各类技术论坛及培训班，在后期，随着网络的普及，招聘的流量更多来自官网、官微以及内部推荐。为了提高招聘的效率，更有效地盘活全球人才库资源，华为在 2011 年启动了全球招聘统一平台变革项目，将公司人才库数据打通，形成统一平台，应聘人员参与过的历次面试、面试评价均有系统记录，换岗位和部门进行面试时可以被查询，方便面试部门对应聘人员进行全面的了解。

3. 高端招聘

近几年，华为对高端人才的重视程度进一步加强，华为将高端人才定位为行业内的顶尖专家，他们通常是某一专业领域的技术专家，能影响新业务和新技术领域的发展。这类高端人才往往是知名跨国企业或技术领先企业的被动求职者，收入水平较高，常规的面试方法和流程往往不适合此类人才。华为基于业界的实践经验，提出精英类人才的招聘面试要"以用促招"，从真正发挥精英人才的价值出发设计面试方案，由面试主管和多位专家组成面试小组，精准识别能融入华为并能充分发挥价值的精英人才。

优化后的高端招聘面试流程是这样的：基于业务战略诉求、候选人拟录用的岗位，以及候选人过往的经历和成就精心挑选候选人，由用人主管、本业务领域及周边领域专家、人力资源专家组成 4～5 人的面试小组，开展全面、深入的面试考察。面试时，先由候选人围绕自己最擅长的领域做一个主题演讲，阐明自己的优点和优势；面试小组围绕候选人的演讲内容进行 30～45 分钟的互动交流，对候选人的专业能力和文化适应性等进行深入考察；最后由面试小组集体合议，各自发表意见，达成共识。⊖

高端招聘颠覆了传统模式下层层面试通关的流程，从个人决策模式转变为团队决策模式，让候选人能最大限度地与企业管理团队进行交流，同时能较全面地了解企业管理层的风格。

面试资格与录用管理

为了把控招聘质量，华为对面试官实行严格的面试资格人管理规定。华为将面试官分为业务面试资格人、综合面试资格人两个类别，通过明确面试资格人的职责，对其实行分层分级管理。

⊖ 华为总裁办电子邮件〔2019〕045 号《关于公司高端精英类、软件类人才面试方法调整的建议》。

1. 业务面试资格人管理

业务面试资格人的职责：

（1）考察应聘者的知识、技能、经验和应聘岗位的吻合度。

（2）考察应聘者专业技能表现，判断其业务适用性，给出具体的考核意见和考核结果，并提出工作岗位安排建议。

业务面试资格人的准入要求：

（1）职级在 15 级及以上，具备本专业领域内丰富的专业知识、技能。

（2）在公司工作 1 年以上，熟悉公司文化、组织架构、岗位要求和用人标准。

（3）参加过面试技巧、招聘政策及相关规定等的学习，并通过考核。

业务面试资格人的分级管理：

（1）基层业务面试资格人可以面试 14 级及以下岗位的应聘者，需通过 BU/BG 或一级部门干部部部长审批，报公司人力资源管理部备案。

（2）中层业务面试资格人可以面试 15～18 级岗位的应聘者，需通过 BU/BG 或一级部门干部部部长审批，报公司人力资源管理部备案。

（3）高层业务面试资格人可以面试 19 级及以上岗位的应聘者，需通过公司人力资源管理部总裁审批。

（4）业务面试资格人的职级应比其面试岗位的职级至少高一级。

2. 综合面试资格人管理

综合面试资格人的职责：

（1）考察应聘者个性、动机、综合素质、工作稳定性、文化适应性等，判定应聘者是否符合岗位综合要求。

（2）了解应聘者的期望和薪酬现状，根据公司相关规定或惯例，提出职级、起薪、工作地建议，并与应聘者进行初步沟通。

（3）综合考核和判断应聘者表现，给出具体的考核意见和考核结果。

综合面试资格人的分级管理：综合面试资格人按团队方式进行管理，团队由主任和若干成员组成，主任根据公司综合面试资格人管理相关要求对成员进行日常管理，具体执行细则如下。

（1）一级综合面试资格人团队可以面试 22 级及以上岗位的应聘者，团队主任为公司总裁，成员为集团层面委员会成员。主任和成员经过相关培训后获得面试资格。

（2）二级综合面试资格人团队可以面试 19～21 级和部分关键责任岗位的应聘者，团队主任为公司人力资源管理部总裁，成员为公司各一级部门总裁（或主持工作的副总裁）、产品线研发管理部部长。主任和成员经过相关培训后获得面试资格。

（3）三级综合面试资格人团队可以面试 18 级及以下岗位（除部分关键责任岗位）的应聘者，团队主任为公司各一级部门总裁（或主持公司的副总裁），成员为一级部门 AT 团队⊖成员和满足如下条件的管理者或资深人士。

- 职级在 18 级及以上。
- 具备较丰富的组织和团队管理经验，具有丰富的读人、识人能力。

⊖ 即 Administrative Team 的简称，是实体组织行政管理团队。

- 在公司工作 1 年以上，熟悉公司文化、组织架构、岗位要求和用人标准。

- 具备较强的分析、判断和人际沟通能力，以及良好的个人品质和修养。

- 通过相关培训，经主任和体系人力资源部部长审核，报人力资源管理部总裁审批后生效。

3. 录用决策管理

为保证录用决策的严谨性和公平性，杜绝照顾人情等招聘情况，华为在录用决策管理上口径趋紧。

（1）公司总裁对 22 级及以上岗位行使录用决策权。

（2）人力资源管理部总裁对 19 ～ 21 级和部分关键责任岗位行使录用决策权。

（3）3 级综合面试资格人团队主任对 18 级及以下岗位（除部分关键责任岗位之外）行使录用决策权。

（4）录用决策权可以再授权，但授权不授责，且授权清单需经过人力资源委员会审批。

（5）如 2 级、3 级综合面试资格人团队主任参与面试，则录用决策应报上一级综合面试资格人团队主任审批。

4. 管理责任定位

（1）公司人力资源管理部招聘调配部部长是面试资格人管理和招聘录用决策授权管理的业务执行责任人。

（2）各业务部门人力资源部部长是本业务单元面试资格人管理和录用决策授权管理的日常执行责任人。

（3）公司人力资源管理部招聘调配部有权对违反公司招聘原则、流程和制度的面试资格人实行问责，公司人力资源管理部有权终止违规者的面试资格并具有录用决策权力。

人才使用

在人才使用方面，华为构建了以责任结果为导向的绩效考核机制和以任职资格为牵引的能力提升机制。前面提到，华为在人才获取上以能力和素质考量为主。人才进入公司后，公司要考虑如何让人才发挥应有的价值。在人才使用部分，华为有很多做法值得借鉴。

全员导师制

华为实行全员导师制，这一做法最早来自华为中研部党支部设立的以党员为主的"思想导师"制度，以此对新员工进行帮助、指导，这一制度后来被推广到了整个公司。不仅新员工有导师，所有员工都有导师。实行全员导师制，对企业基层来讲，能够更好地促使导师向徒弟传授业务技术、交流工作经验，使徒弟对华为的企业文化产生共鸣；对企业中高层来讲，导师的决策指挥、管理方法、领导艺术等经验，能对徒弟产生潜移默化的影响，使他们更好地理解公司意图，提高各类员工的执行力。

华为认为，所有员工都需要导师的具体指导，新员工、老员工、调整到新工作岗位的"老员工"等，不管其资历多深、级别多高，在进入新的岗位后，公司都会给他们安排导师。华为的导师职责比较宽泛，不仅仅在于业务、技术上的传帮带，还在于思想上的指引、生活细节上的引领等。

华为考察任何层级的专家和管理干部时都关注其能否带人、培养人，导师制无疑是最易于实践的带人方式。华为任职资格体系中，也有对培养人的要求。没有当过导师、没有带出过优秀徒弟的人，不能通过任职资格认证。

那么，在华为什么样的人可以成为导师呢？导师需要满足以下条件。

- 在公司工作 1 年以上；
- 部门业务骨干，有能力进行业务指导；
- 认同华为文化，有能力进行思想引导；
- 为人正直、热情，责任心强，有较强的计划、组织、管理、沟通能力，能为新员工制订合理的计划、安排相应的工作任务；
- 参加过思想导师辅导或相关培训并考核合格。

对新员工来说，导师制帮助他们迅速融入企业的大家庭，有效缩短了员工进入新环境的磨合期，使其尽快适应新的工作岗位，且从思想上、感情上能更好地认可公司文化；对导师来说，要成为导师意味着本人要不断学习和精进，这样才能在辅导中体现个人能力，促使其能更严格地要求自己，提高自身的专业水平；对组织氛围和员工关系来说，全系统、全方位、全员性的"导师制"的推行，能加深员工之间、上下级之间的关系，使公司内部形成良好的氛围，提升团队凝聚力。

考虑到自身财力的问题，大多数民营企业不可能投入大量的培训费用对员工进行系统的业务培训，最多在新员工入职后几天内进行一些企业文化培训。要缩短新员工的磨合期，使之尽快适应工作岗位，接受企业文化，并使之成长起来，导师制是最为有效的办法。

要想学习导师制，企业首先要制定一套适合自己的制度，用制度对导师制加以保证，比如对导师进行物质激励、对徒弟提出具体要求、师徒签订保证协议、设定具体的考核标准，等等。这些措施要根据企业的情况来确定，必须符合实际。

公司必须对新员工从到岗之前就做好这方面的安排，使之从进入工作岗位的第一天起就能接受导师全方位的指导和引领。在此期间，没有特殊情况，公司不要轻易改变师徒关系。

对因工作需要进行岗位调整的老员工，尤其是那些主管级的人员，岗位调整以后，也必须严格贯彻"导师制"，并且将"导师制"的落实情况作为是否晋升的重要依据对他们进行考核。

需要特别注意的是，对导师的严格考核比对徒弟的考核更为重要。导师必须承担起培训、培养徒弟的责任，徒弟出了问题的时候，导师必须承担相应的责任。

下面是一个华为新员工写的文章，文章回忆了她入职以后和导师的互动过程。

我的烦恼

"对任务的估计是需要有反馈的，没有反馈可能会导致偏差越来越大。"导师的这句话一直萦绕在我的脑海中。初来乍到，主管只要一交给我任务，我总想着尽快完成。但似乎任务越来越多，我感到有点吃不消，但又不知如何处理是好。正在犯愁的时候，导师约我吃饭。于是，我就借这个机会，向导师倾诉我的烦恼。导师一听，就笑着说："我当初刚到部门的时候，也是这样的。你应该直接向主管反馈自己的想法啊！"看我有点不相信，很迷惑的样子，她又说："工作任务是主管和员工共同制定的。如果你实在完成不了，还承诺可以完成，反而会耽误整个工作的进程。坦率地说出自己的想法，这才是负责任的做法。"我心里豁然开朗，后来和主管说出了自己的想法。主管不仅没有怪我，反倒表扬我这样做得对。

导师的成长

随着时间的推移，我对导师也有了更多的了解。她出生于 20 世纪 70 年代，所学专业不是英语。非科班出身的她，为了做好英语翻译付出了巨大的努力。她自学了很多英语专业书，有枯燥的语音学、晦涩的词汇学、难懂的文体学。每次在翻译休息间隙，她就反复地看这些书，不断地学习其中的优秀翻译案例，并大胆尝试将其用在自己的工作当中。在不懈的努力下，她以优秀的成绩从合作方公司顺利加入华为。进入华为后，她没有放松对自己的要求，不断提升自己的专业能力。现在，她的业务水平在部门内已经是数一数二的了，资料翻译的速度越来越快，质量越来越高，不断受到主管和客户的表扬。

她的眼神

时间过得真快，转眼就要转正答辩了。我早早地准备好胶片，并预演了好几次。每次预演，导师都不厌其烦地听我讲解并给出建议。答辩前，我感到有些莫名的紧张，整个人的精神就是集中不了。导师好像发现我有点不对劲，特意走到我的座位前，拍了拍我的肩膀说："不用紧张，谁都有可能被问得答不上来。回来再继续努力就好了。"听到这句话，我心里有股说不出来的感动。望着她坚定的眼神，我对自己充满了信心。答辩过程进行得非常顺利，特别是问答环节。最终，我的转正成绩是优秀。在准备答辩的那几个晚上，尽管有点担心，我还是睡得很香；反而是当我得知转正成绩的那晚，我一直睡不着，脑子里浮现的是导师对我鼓励的眼神。我知道，是她的眼神、她的话语让我发挥得那么自然和令人满意。

"种下思想，收获行为；种下行为，收获习惯；种下习惯，收获性格；种下性格，收获命运。"这句话在我的导师身上体现得淋漓尽致。从她身上，我学到了很多。

新员工转正答辩

新员工试用期管理是企业人才使用中的一个重要环节。新员工入职后的前3个月非常重要。在这段时间内，通过导师的辅导，新员工应该对自身岗位的工作要求有明确的认知，并适应工作环境，融入公司文化。

华为在新员工转正方面一直有规范化的管理方式，就是新员工转正答辩。新员工转正答辩既是对新员工能力的首次评议，也是对导师给予员工辅导的周期性验收。

转正答辩一般由部门主管和部门人力资源负责人共同负责，主要考察新员工在试用期内能否适应所在岗位的工作需要。转正答辩通常在新员工进入部门正式工作后的 3 个月进行，答辩主要考察新员工能否完成工作任务，将参与培训和与同事协作作为考察重点。

答辩内容主要包括：

- 对部门工作的认识；

- 对自身岗位职责和定位的理解；

- 试用期做了哪些工作，工作思路是怎样的；

- 工作过程中有什么改进和优化的思路与想法；

- 工作过程中的感悟等。

转正答辩的评委通常由部门负责人、新员工的直接领导、新员工的导师、部门资深员工及人力资源业务合作伙伴构成。评价等级为优秀、合格、不合格 3 等，各等级定义如下。

- 优秀（Excellent）：综合劳动态度、任职能力和工作绩效等方面，新员工的表现显著超出职位职责、期望、要求，各方面表现出色。

- 合格（Good）：综合劳动态度、任职能力和工作绩效等方面，新员工的表现达到职位职责、期望、要求，各方面表现良好。

- 不合格（Below Expectation）：综合劳动态度、任职能力和工作绩效等方面，新员工的表现未达到职位职责、期望、要求。

新员工准备好转正答辩材料后，需要提前发给导师征求意见，在必要情况下，导师会要求进行答辩预演和模拟提问，以此帮助新员工进一步理顺思路，从思维层面，也从心理层面更好地应对正式答辩。转正答辩并不设置固定的通过率，如果第一次答辩没有通过，新员工则会被安排在下一个月再次答辩；如在合同约定的试用期过后，答辩依然不能通过，新员工则会被淘汰。

很多企业通常采用两种做法进行转正管理，一是由新员工自己填写一份转正总结报告；二是人力资源部将转正审批表转给新员工的上级领导，请其直接填写转正意见。和转正答辩相比，这两种方式无疑都不是有效的转正管理方式。华为采用新员工转正答辩模式，是以新员工为核心的，让新员工能在主观意识层面重视入职后在试用期内的工作，不只是简单执行领导的工作安排，而是能结合自身思考，去理解岗位、理解工作内容，甚至理解工作背后的逻辑，真正"知其然且知其所以然"。

华为的新员工导师制和转正答辩都是持续使用多年的管理方式。很多企业也在实践"传帮带"的导师制模式。为了激发导师的热情，企业会考虑给导师配套津贴，但在如何验收导师工作成果方面却没有标准，这样一来，导师津贴就变成了一种福利，失去了激励的本来意义。如要扭转这个局面，以转正答辩来配合新员工导师制，就是一种非常好的解决方式。

思想导师制度

思想导师制度是华为人才管理的一大特色，是在 20 世纪 90 年代后期启用并持续到现在的一种管理模式。任正非认为，一支队伍要有战斗力，就必须有抱负和进取心。通信行业竞争激烈，华为的主要竞争对手大多是世界级企业，任正非希望能够遵循现代企业治理规则，实施能上能下、末位淘汰等一系列管理制度。同时，华为的很多管理者都有技术背景，员工又大多比较年轻，管理者在与员工沟通、给员工思想做正面引导这些方面没有经验。而任正非认为，能打胜仗的队伍，思想统一是第一位的。

任正非由此想到要为员工寻找"精神导师"。任正非认为，作为精神导师，很重要的一点是他们自身必须具备艰苦奋斗的精神，因此他委托华为第一任人力资源部部长陈珠芳去高校和科研院所聘请了 20 余位退休的老专家，这些专家也是华为第一批思想导师，被称作"荣誉老专家"。

思想导师扮演第三方的角色，他们拓宽员工的沟通渠道，及时帮助员工化解思想中的烦恼，帮助员工树立正确的价值导向和积极的工作态度。思想导师的工作，一方面是深层次了解员工的心理状态，另一方面是了解团队的组织氛围及主要领导者的管理状态⊖。这样一来，思想导师在解决员工思想问题的过程中也能了解管理者的工作状态，帮助他们成长。

导师的日常工作主要是利用员工"茶余饭后"的时间和员工闲聊，解决员工工作和生活上的困难、困惑，包括但不限于工作中和主管或同事相处不愉快了、工作没做好绩效考核差了、业绩不好被降职降薪了等事项带来的心理问题。

⊖ 在华为，团队组织氛围是管理者的考核指标之一。

一个典型的工作场景是这样的：一个干部在市场一线做得不好，被免职，这个干部觉得冤枉，甚至委屈，他认为不是他不努力，而是市场环境太恶劣了，竞争太激烈了，竞争对手太坏了，客户太刁蛮了……于是怎么也想不通。既要让员工努力工作，又要让他们能平静地面对末位淘汰的结果，这显然不是一件容易的事。思想导师通过与员工沟通和谈心，帮助员工理解公司的决定，引导员工在降职后的岗位上同样能做得很出色。

思想导师也会主动关注团队成员的思想动向，比如，一些新员工加入部门，最初只是在做简单的编程工作，他们就会出现思想负担——难道我的一生就这样了吗？我怎样实现自我价值？如果同类问题大量出现，华为就会开设一些相应的课程。

思想导师还需要在企业中营造一种氛围和环境，要让员工的上司、同事、下属等不会对被降职的人另眼相看。典型的例子发生在 1996 年，华为推行市场部大辞职，公司告诉员工，所谓奉献不仅是简单地在市场前线拼命冲杀，将很受认同的岗位让出来也是一种奉献。

华为的员工数量众多，思想导师无法取代日常管理，只是在员工不愿意与自己的直接主管交流时充当引导员的角色，在特殊场景下拾遗补阙。

为了将沟通工作流程化，华为荣誉部自 2005 年 11 月起开展荣誉老专家"开放日"（Open Day）活动。该活动面向全体员工，由荣誉老专家轮流接待，每周一期，严格遵循"不分级别、一对一、严格保证私密"的原则进行。目前，该活动已衍生出专门针对各级领导干部的、由党委主持的开放日和各体系内部面向员工的、由行政管理团队成员和办公会议成员（AT/ST）主持的开放日。

随着华为干部领导力培训体系的成熟，华为要求所有干部都能够做员工的思想导师，能够根据员工的业务成熟度和思想成熟度给予他们工作上的支持或是精神上的抚慰。2007 年后，华为又逐渐培养出了自己的思想导师队伍。

思想导师制度是经过实践证明的人才培养方式，它一方面帮助新员工尽快融入华为的文化氛围、熟悉华为的工作环境和工作流程，让员工能顺利接手工作、进入角色；另一方面也为公司培养了一批训练有素、具备组织领导才能的业务骨干后备干部队伍。

在很多企业中，员工之间、上下级之间关系不融洽甚至关系紧张，主要原因是相互之间的沟通不够。沟通是需要渠道的，更需要用制度加以保证。华为的思想导师制度是一种可参考的有效形式。

绩效管理

华为的绩效管理也是业内为数不多的运作有序、有效的管理典范。围绕企业业务发展战略，华为绩效管理强调基于奋斗与贡献的价值导向，形成了自我约束、自我激励的机制，提高了公司的人均效益，增强了华为的整体竞争力。

任正非在 2018 年的一次人力资源绩效优化会上提到，微软总裁萨提亚对员工提的 3 个问题值得华为学习，这 3 个问题分别是："你如何利用公司已有成果提升个人或团队的工作效率？""你自己做了什么？""你帮助别人或团队做了什么？"任正非认为这 3 个问题其实就在强调个人对团队的贡献，最重要的是让每个人的工作都能促进整个团队的进步。

1.绩效管理的基本原则

（1）以责任结果为导向。责任结果是岗位职责要求的结果，最终体现为公司为客户创造的价值。员工应履行的岗位职责，创造绩效过程中的关键事件、行为会影响员工的绩效评价结果。

（2）目标一致原则。绩效管理的最终目标是达成组织目标，绩效管理应通过层层战略解码，确保个人目标与团队目标相衔接，确保个人目标与组织、流程目标相一致，以此支撑公司战略目标的达成与端到端流程的运作。

（3）闭环管理原则。绩效管理是一个 PDCA 循环[⊖]，完整的绩效管理应涵盖绩效目标设定、绩效辅导、绩效评价和绩效结果沟通 4 个环节。

（4）差异化管理原则。绩效考核基于组织管理的策略和人群特征来确定，根据不同的对象，牵引不同的行为结果，分为绝对考核和相对考核两种类型。

2.绩效管理的两种考核类型

（1）绝对考核。绝对考核分为"人和目标比"或"人和标准比"两种模式，是对考核对象直接给出的评价，是评判业绩的基础。

（2）相对考核。相对考核分为"人和人比"或"自己和自己比"两种模式，是指对员工的绩效结果进行排序，再根据各绩效等级的比例约束给出评价。

⊖ 美国质量管理专家戴明提出的，它是全面质量管理的思想基础和方法依据。PDCA 循环的含义是将质量管理分为 4 个阶段，即计划（Plan）、执行（Do）、检查（Check）、处理（Action）。——编者注

3. 绩效考核的模式

（1）对于公司高管。华为对于公司高管采用"人和目标比"与"自己和自己比"相结合的考核模式，遵循"聚焦中长期目标，实现自我超越"的原则。

（2）对于大部分管理者和专业员工。华为对于大部分管理者和专业员工采用"人和目标比"与"人和人比"相结合的考核模式，遵循"你追我赶，争当先进"的原则。

（3）对于作业类员工。华为对于作业类员工采用"人和标准比"的考核模式，遵循"多劳多得，精益求精"的原则。

4. 绩效考核的维度

华为的绩效考核包括 3 个部分，第一部分是组织绩效目标；第二部分是个人绩效目标；第三部分是能力提升计划。绩效考核目标的评定体现 3 个要点。

（1）对齐战略和组织目标：牵引高层聚焦战略，牵引员工关注组织目标。

（2）体现岗位责任和角色要求：强调个人在组织绩效达成过程中的关键贡献。

（3）体现核心职责和主要任务：并非要将所有和岗位相关的任务都放进个人绩效承诺（Personal Business Commitment, PBC）中。

个人绩效承诺书样例

第一部分：组织绩效目标

主要以关键绩效指标（Key Performance Indicator，KPI）形式表现。管理者组织绩效目标是指管理者负责组织的绩效目标，员工组织绩效目标

是指员工所在组织的绩效目标。

第二部分：个人绩效目标

个人业务目标

强调个人而非组织目标，体现个人在支撑组织绩效目标达成时做出的独特贡献。

人员管理目标（只适用于管理者）

聚焦员工的选育用留和组织氛围建设，通过分析组织在业务达成过程中面临的挑战，有针对性地设置目标。

第三部分：能力提升计划

针对绩效目标的达成，对本岗位上的员工要提升能力或增加经验需要采取的行动制订计划。这部分计划的完成情况不作为绩效评价的内容。

第四部分：员工自评综述

员工对以上工作进行自评（需总结各项工作的实际行动和结果，并对结果进行等级评定）。

第五部分：主管评价意见与等级

主管针对员工的业务目标、人员管理目标（针对管理者）和个人能力提升目标 3 个方面的完成情况，给出承诺人在考核期间的整体评价。评价应包括予以肯定和改进建议这两个方面。

5.绩效考核操作方式

（1）绝对考核。

绝对考核聚焦"人和目标比"或"人和标准比"，针对可用标准量化的岗位进行考核，覆盖的基层员工涉及 6 个职位族和 11 个职位类，典型岗位包括技工 / 技师、事务员、文员、会计助理等。

考核维度分为工时类和非工时类两种：工时类面向生产一线的技术工人，以工时和品质为维度衡量；非工时类面向技术操作员、文员、计划调度、事务处理等岗位，以工作数量和服务满意度为维度衡量。

考核结果从优秀、良好、合格和不合格 4 个等级进行评价，但不设置比例，考核结果影响员工的月度和季度绩效奖。

（2）相对考核。

相对考核聚焦"人和人比""自己和自己比"，针对大部分管理者和专业员工，通过绩效事实评价和集体评议进行绩效排序：绩效事实评价通过责任结果、个人贡献及关键事件综合评价；集体评议通过分层分级拉通评议、绩效结果公示确定相对贡献排名，最终得出考核等级。

不同部门的部门绩效各有高低，实际各部门中每个人的绩效等级略有差异，相对考核的不同等级及比例要求如表 5-2 所示。

华为强调组织绩效先于个人绩效，如果组织经营结果不好，管理者的绩效结果也不应该被评为好。当然，如果管理者认为自己是优秀的，可以申请到战略预备队中重新接受挑选，爬起来再战斗，用成绩证明自己。华为认为是金子总会发光的，不能为了某一两个特定事件，破坏考核导向。

表5-2　相对考核的等级及比例

等级	定义	比例
A	杰出贡献者	10% ~ 15%
B+	高于平均水平的贡献者	75% ~ 85%
B	扎实贡献者	
C	较低贡献者 绩效待改进者	5% ~ 10%
D	绩效不满意者	

在做管理咨询工作的过程中，我听到很多企业的困惑都集中在绩效评价的等级及比例控制的问题上：企业总是陷入两难的局面，一方面担心划分等级会让一些员工对结果不满意从而离开公司，另一方面又担心不划分等级会使绩效管理形同虚设。华为在绩效管理上有个理念：划分等级可能会让 10% 的员工离开，而不划分可能会让前 10% 的优秀员工离开。从这个视角来看，企业客观公正地评价员工绩效，认可绩效突出的员工，激励大多数扎实贡献的员工，识别和管理贡献较低、绩效待改进的员工，其实追求的是组织和员工的共赢。

华为在多年的绩效管理过程中，考核的内容和方式也在不断迭代与改进，绩效管理更具科学性和合理性。比如，对于一些新业务，华为也不完全以"产粮食"为中心，而是以业务拓展的阶段性目标评价为中心，这样能让新业务在部门里成长起来。华为的个人绩效考核强调个人对团队的贡献，确保"全营一杆枪"。

绩效管理的探索

2016 年 2 月，IBM 在一封给内部员工的邮件中写道："Goodbye PBC，Hello Checkpoint."宣布废除一年一度的绩效评级机制，改从 5 个维度评估员工的工作表现：业务结果、客户成功影响、创新、对他人的责任感、技能。传统绩效考核的核心是达成目标，得到相应的回报，即价值创造、价值评价和价值分配。但目标与关键成果法（Objectives and Key Results，OKR）不同，OKR 强调尽可能地激发员工的自主性，在过程中进行管理，而不是根据既定目标和目标完成率进行考核。

华为早年处于跟随阶段，前面有思科、爱立信等，当时华为只鼓励进行一些小的改进，认为不需要大的创新，只需要跟随前人。

2012 年之后，产业进入技术无人区和深水区，华为需要自己创新。原有的考核方式已经不利于激发创新了。对研发团队来说，今年要朝哪几个方向创新，研究人员比管理层更清楚。

华为内部的研究机构中有一些在探寻未来 5 ~ 10 年甚至更遥远的未来的技术，这些技术在短期内很难说能为企业创造什么价值，但从长远看，它们一定是有价值的。这种大创新很难用短期考核去衡量，这时候，OKR 就能派上用场。

在传统的绩效管理中，团队目标是自上而下逐层分解的，基层员工需要无条件接受并执行，这不利于激发员工的内在动力。使用 OKR 制定团队目标时，采用自下而上的方式，主管召集团队成员共同商议，共同得出团队的 OKR。

但要注意，只有团队目标或个人目标都不能使团队达到最佳状态。

个人 OKR 的制定依循团队 OKR 的方向，员工结合团队 OKR 和个人兴趣，思考自己可以在哪些方面为团队 OKR 做贡献，然后将自己的 OKR 录入公共 OKR 的 IT 平台上，邀请主管和团队成员评论，结合他们的意见调整自己的 OKR。

通过这种方式，华为实现了在产业进入技术无人区和深水区后绩效管理的重大变革。

人才流动

《吕氏春秋》有言：“流水不腐，户枢不蠹，动也。”意思是说，水要经常流动才不会发臭，门轴要经常转动才不会遭虫蛀。企业同样如此，只有保持人才的流动性，企业的生命力才会更加持久。华为采取的人才“之”字形成长路线的目的之一就是让优秀人才循环、流动起来，保持企业的活力。

华为的员工成长速度很快，得益于其员工跨部门轮岗的机会多，组织结构调整快。我在华为工作了共 14 年，先后在业务变革项目组、总部人力资源管理部、北京代表处、亚太地区部、印度代表处、泰国代表处、东南亚地区部、片区联席会议等部门工作，承担过流程和组织变革项目、人力资源、市场拓展、政府关系、品牌管理、危机公关等差异性很大的工作。工作中的每次调动都是公司业务需要或者组织变革带来的。每调动到一个新的部门或一个新的国家，我最深刻的感受就是又变成新员工了。每次岗位变动，我都要从头开始学习，但我的体会是，工作变动刚开始的几个月充满了压力和挑战，但越到后面就越轻松。人才流动机制让我的潜能得到激发，体现了公司这样的大平台给员工的能力带来了巨大增值。

华为内部人员流动通过行政手段与市场手段两种方式实现，行政手段就是指令性调配，根据组织要求安排员工流动；市场手段就是通过内部人才市场这个平台，部门与员工自由进行双向选择，员工根据自己的兴趣爱好、职业发展选择岗位，部门根据员工技能、既往绩效等情况选择员工。华为希望通过合理的人才流动合理调整内部人力资源分布，将资源聚焦到公司战略和业务重点上，同时给优秀人才提供更多的机会，激发组织和员工的活力。

1. 指令性调配的运作

指令性调配分为公司级和部门级。公司级调配是指为了满足公司业务发展的需要而进行的跨一级部门的战略性流动；部门级调配是指在体系内或一层组织层面开展的指令性调配活动。

指令性调配工作由公司招聘调配部统筹，主要满足两方面的业务诉求，一方面是战略诉求，根据业务方向的布局，识别第二年需要增加人才配置的方向，根据人才配置方向，有针对性地在公司内部进行合理的人员调配，如在国际化发展过程中，华为每年都例行从中国区向海外地区部输出人才；另一方面是人才管理诉求，华为强调人才流动和循环，着力拓宽人才的视野和格局，人才管理的基调是以流动激活队伍，所以，每年从总部到一线、从一线到总部的纵向流动，以及从研发到市场、从服务到市场、从运作支持到一线作战等的流动，在年度调配计划中都有具体的要求和指标。

为了保持人才流动的持续性，多年来华为先后建立了"后备干部总队""战略预备队""重装旅"等组织，专门用以推动行政干部和技术专家的双通道循环流动。此外，华为还通过重大项目对人才进行集中调配，促进商业领袖成长；通过管理资源池循环赋能提升员工的综合能力；坚持上、下、左、右地管理干部流动，从交付项目逐步延伸到端到端的项目。

在发展过程中，这些循环都已经在华为内部发挥了重要作用，但也产生了许多问题，比如部门主义、地方保护主义过于严重。有时候，创造效益的"重装旅"需要人才了，去向后方要，后方却不愿意给。在这种情况下，需要人才的部门不得不从"新兵"中选人。

针对如上情况，华为将指令性调配指标列入流出部门的"一把手"和干部部部长的绩效考核中，同样也列入公司人力资源管理部总裁和招聘调配部部长的绩效考核中，以确保指令性调配工作能被有效执行。

2. 内部人才市场的运作

内部人才市场是指华为内部开放的供需匹配人才交易平台，这为主动寻求挑战并期望做出更大贡献的员工，以及组织精简后富余的人员，提供在公司内部自由流动的机会。

华为在集团层面建立了内部人才市场，通过更加开放、透明的平台，让所有员工能够清晰地知道与工作相关的各种人力资源信息；放开员工流动的约束，通过人才流动，使岗位配置更加合理；解放内部生产力，激发员工内在动力，真正做到让员工"爱一行、干一行、钻一行"。

同时，员工流动性的提升，也使各级主管在人员管理上的不足得以显现，各级主管知道再也不能用信息不对称作为借口，或利用权力简单地管理下属。

华为早期的内部人才市场政策，对员工的流动有一定的限制，如员工只能在一定范围内流动，没有给予绩效差的员工自由流动的机会，限制员工两年内只能进一次内部人才市场等。这些限制在一定程度上保证了自由流动得到有序管理，但更为开放、自由的内部人才流动也是很多员工的呼声。

随着华为消费者业务的发展，内部人才市场已经成为跨领域流动的主渠道。近几年，华为采取了更加积极的态度，以加大新老产业间的人才输送力度，提升组织活力。自 2018 年 8 月开始，进入内部人才市场的条件进一步放宽，满足 3 项基本条件的员工即可申请转岗（见图 5-6）。

规则优化		
自2018年8月起，内部人才市场平台规则已实行多项优化。仅需满足3项条件即可转岗。		
申请条件	过去	优化后
1. 13级及以上专业员工/管理者	√	√
2. 从事现岗位1年以上（海外派遣员工需外派2年以上）	√	√
3. 试用期、BCG违规等员工除外	√	√
4. 最近2年内没有通过内部人才市场调动	√	×
5. 近2次考核结果不能有D或连续2个C	√	×
6. 管理者申请管理岗：需满足内部退休条件或申请特定岗位	√	×

图 5-6　内部人才市场规则优化

应聘成功，到新岗位任职的员工要按照新的岗位确定岗位职责、个人职级、工资待遇，只有其持有的长期激励可以继续保留。

内部人才市场带来的正面影响

目前，内部人才市场在很多企业都被大力提倡，用于有效盘活资源，构建持续稳定的内部人才生态。内部人才市场的目标是确保员工流动是有价值的，价值体现在员工流动后创造的价值比不流动创造的价值要大、通过市场流动比通过行政调配创造的价值要大，具体体现在以下几点。

直接的价值体现：

（1）员工能自主选择更适合自己的岗位（兴趣使然、原有岗位职业疲劳），激发更高的工作热情，创造更大的价值。

（2）部门能更快找到符合岗位要求的员工。

（3）工作经验得到传承，员工能创造更大的价值。

间接的价值体现：

（1）促进管理改进。管理者需公平、合理地评价员工绩效，正确地进行员工激励，关心员工的发展，否则员工会选择离开。

（2）促进人才保留。员工对当前工作不满意或当前工作与个人职业发展不符时，可以进行内部选择而不是离职。

（3）促进人才发展。员工积累技能后可以在内部获得更多的工作选择机会。

内部人才市场带来的负面影响

硬币也有两面，从某种意义上讲，内部人才市场也会带来一些负面影响。

（1）专业知识的浪费。涉及职类变化的转岗意味着原来积累的专业知识被浪费，即便有一些专业知识可以在新岗位发挥作用，但部分知识仍会被浪费。

（2）盲目且无价值的流动。员工未必非常了解新岗位的要求及个人的职业发展，流动到新的岗位后会不适应或无法创造更大的价值。员工岗位调动可能只是为了回老家，或者因为在之前岗位上产生一些压力、碰到一些困难，现在想选择轻松一些的工作等。

（3）增加部门管理成本。员工可能不服从安排，避重就轻，不愿意被外派，碰到困难就逃避，选择轻松的工作。

（4）交接期、适应期成本增加。员工离开原岗位的工作交接期、在新岗位的适应期，他们创造的价值会变小。

（5）为流出部门带来业务冲击。流出部门需要寻找接替人员，这会打乱部门的业务管理节奏，且新人到岗后也需要一段适应期，这对业务有一定影响。

（6）会造成强者越强、弱者越弱的局面。人是趋利的，效益好的部门更容易吸引优秀人才，而一些爬坡型的部门⊖，以及"盐碱地"⊜、艰苦地区等容易造成人员流失。

一些企业的组织结构多年不变，员工多年来重复干着同样的工作；流程制度变化不大，加之部门间壁垒森严，在这样的土壤中，即使有再多的培训，也难以使人才脱颖而出。甚至，一些部门负责人为了眼前的业绩，把具有发展潜力的业务骨干牢牢地控制在自己部门，认为"肥水不流外人田"，久而久之，人才变成了庸才，思想固化，眼界受限，这是对企业优质资源的极大浪费。

华为有很多值得学习的经验，但企业首先要判断某条经验是否适用于自己，就如同上面提到的人才流动，企业应明确要在什么情况下加强行政干预，在什么情况下加强市场调节，这是企业在学习华为前要想清楚的问题。

⊖ 指业务处在上升期的部门。
⊜ 比喻一些基础条件差、需要投入大量时间和精力进行培育的区域。

人才激励

激励在组织中具有非常重要的作用，组织通过激励可以吸引优秀人才，通过激励可以提高员工绩效，通过激励可以保留人才。华为之所以能取得今天的不凡成绩，在很大程度上是因为华为的激励机制。

（1）物质激励层面。

高收入是第一推动力，重赏之下，必有勇夫。华为不仅工资定位相对较高，还通过员工持股计划使员工成为企业的合伙人，让员工把公司的发展愿景当成个人发展的目标。

（2）精神激励层面。

华为通过向员工发荣誉奖、报道先进典型事件、邀请专家对员工进行辅导等方式，不断地使员工融入企业文化、激发员工的工作热情。同时，华为特别注重激励的仪式感，对精神激励的纪念物设计亦非常用心。获奖员工及团队的奖牌和奖杯是委托法国、俄罗斯、比利时等国的造币厂设计和手工制造的，每年奖牌的设计主题还和公司当年所倡导的理念适配。

任正非在谈到华为的人才激励机制时，曾说："我们是摸着石头过河，没有理论基础。我们的激励机制主要有两个方面，一是不让'雷锋''焦裕禄'吃亏，二是集体奋斗。"

激励的本质是期望值管理，每个人都希望自己拿得比别人多，因此激励体系的核心就是规则设计。激励的前端是对绩效结果的评定，前面我们讲到华为绩效管理中的两种考核类型——相对考核和绝对考核，既要让员工达成目标，又要在一定范围内进行横向比较，排出先后顺序。因此，相对公平合理的绩效评定是确保体制实施的前提条件。

1995 年以后，华为员工的人均收入保持在行业 75 分位的水平，近几年华为更是将部分高端人才的薪酬调整为行业绝对领先的水平。当然，高激励对应的是高压力和高效率，因此华为也被业内人士称作"三高"企业。华为激励体系基于整体回报的概念，包括薪酬、福利、职业发展前景及文化认同 4 部分（见图 5-7），激励的总体原则是基于责任、贡献进行分配、多劳多得；强调薪酬待遇向奋斗者、绩优者倾斜；强调物质激励和精神激励两手抓；实行员工持股、全面回报机制等。

薪酬	基本工资	福利	各类补贴
	奖金奖励		商业保险
	股票分红		退休制度
职业发展 前景	职业发展	文化认同	荣誉认可
	工作机会		组织氛围
	培训机会		领导风格

图 5-7　华为人才激励整体框架

物质激励体系

物质激励体系由基本工资、奖金和长期激励构成。薪酬激励采用与业绩挂钩的"包"管理制。年初，公司根据经营预算设定关联系数，制定相应的薪酬包（含工资包和奖金包预算），通过方案使激励真正向为客户做出贡献的团队和个人倾斜，做到"让拉车的人比坐车的人拿得多""拉车的人在拉车时比不拉车的时候拿得多"。

随着华为 45 岁退休政策的实施，近几年退休员工数量逐渐增加。华为通过优化人力资本所得和货币资本所得的分配结构，确保作战队伍获得更多的回报，退休人员保持合理的资本所得。从实际执行情况看，近几年华为工资、奖金、股票分红的比例从原来的 1 ： 1 ： 1 优化为 1.5 ： 1.5 ： 1。

华为的分配组合是基于人员角色与价值定位来设计的，不同层级的员工，由于角色定位不同、岗位价值定位不同，因此对应的分配组合和比例也不同。级别越高的人员，越聚焦长期利益的达成，其固定薪酬与总薪酬的比例越低；级别越低的人员，越聚焦本职工作的结果，其固定薪酬与总薪酬的比例越高。因此，在华为有一句话：奋斗越久越划算，工资变成零花钱（见图 5-8）。

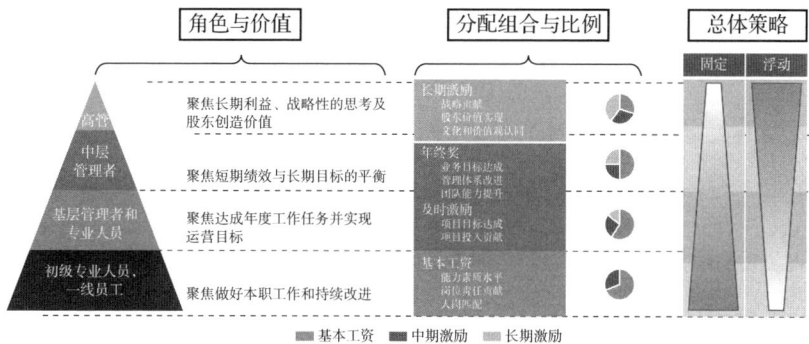

图 5-8　基于人员角色与价值定位的分配组合

华为总体薪酬管理的政策和导向、薪酬水平定位、奖金生成规则、长期激励政策等，均由公司人力资源部统一设计，由公司董事会批准，各业务集团统一按照规则执行。由于不同的业务集团有一定的行业属性，因此华为允许各业务集团进行薪酬管理时在一定范围内进行差异化，但需要获得集团的审批。

薪酬管理的整体原则如下。

● 工资和奖金作为外部对标的基准，建立合理的薪酬标准。

● 员工劳动所得，即工资、奖金和时间单位计划是依据员工当下的表现评定的。

● 员工资本投资所得，即虚拟受限股的增值和回报，是由员工做出的持续贡献决定的。

● 从事基础性工作的员工应该有社会可比性的收入待遇，确保所有人都能分享公司未来的收益。

1. 工资管理

华为工资管理遵循以岗定级、以级定薪、人岗匹配、易岗易薪的原则。以岗定级是指工资应体现岗位价值，岗位价值不同，岗位级别不同，工资不同；以级定薪是指根据职位价值确定薪酬等级，薪酬等级不同，固定工资不同；人岗匹配是指根据个人任职水平进行岗位匹配，人岗匹配情况影响个人工资水平；易岗易薪是指员工岗位发生调整，薪酬将同步进行调整。这16字方针从2008年开始实施，是华为职位和工资体系最根本的原则。

前面提到"让拉车的人比坐车的人拿得多"，工资管理除了要关注具体实践，还要区分时间段，让"拉车的人"在拉车时比不拉车的时候拿得多。

华为虽然强调在激励上"拉大差距"，但是同时也强调"全面覆盖"，除了金字塔的高层和中层，还重视金字塔的基座，要关注到每一个角落的人。

2. 奖金管理

与多数公司实行的年薪制或奖金和工资挂钩制不同的是，华为在奖金分配上采用"获取分享制"。获取分享制是指使任何组织与个人的物质回报都来自为客户创造价值的项目，各级组织凭价值创造过程中所做的直接或间接贡献分享奖金。作战部门（团队）根据经营结果获取奖金，后台支撑部门（团队）通过为作战部门提供服务分享奖金。

通过获取分享制，华为将员工利益与个人价值实现和贡献产出合理衔接，驱动公司长期健康发展；强化后台对前台部门的支撑力度，加强前后台岗位配合和流程效率提升，实现前后台业绩挂钩，以公司整体对客户需求的满足和客户体验的达成为导向。

在华为，奖金分为及时激励和年终奖两部分。

（1）及时激励。及时激励奖励项目目标达成或取得里程碑式成绩的情况，根据项目的角色及投入贡献来评定。

（2）年终奖。年终奖是对个人全面绩效表现的激励，包括业务目标达成、管理体系改进和团队能力提升，它根据公司经营业绩、部门组织绩效和个人绩效综合评定。

公司人力资源委员会审批业务群、各大区域、服务型业务群（SBG）及公司职能部门的奖金分享比例；相应层级的行政管理团队审批对口管理的相应团队内部的奖金分享比例和分配方案。

3. 中长期激励

华为中长期激励由员工持股计划和时间单位计划构成。员工持股计划的实质是让员工持有虚拟受限股，虚拟受限股需要员工购买，覆盖面广（2019年华为年报数据表明，有 104 572 人持有华为股票，持股员工人数超过总人数的 50%，员工持股比例达 98.96%）；时间单位计划的实质是基于华为股票价格和分红机制的递延奖金，它不需要员工付费购买，5 年为一个周期，分期兑现年度分红，最后一年兑现增值和分红。

时间单位计划是华为 2012 年增设的一个中长期激励计划，于 2014 年全面推行。原先员工持股计划的实施，阶段性地解决了"为谁而战"——长期利益共同体的问题。但由于虚拟受限股一旦发放，员工除了离职则可以长期持有，带来的副作用也越来越明显——形成了既得利益层，华为为此提出了时间单位计划。时间单位计划的本质是奖金的一种递延分配，主要将奖金分配给有卓越贡献的年轻人，以确保华为"以奋斗者为本"的核心价值观得以遵循。时间单位计划自实施以来，除了激活了部分"老人"，其最大的价值就是增强了华为吸引和保留优秀年轻员工的能力，让华为不会在互联网新贵们的人才掠夺战中失去人力资本优势。

两种模式的对比如表 5-3 所示。

表5-3　时间单位计划和虚拟受限股的对比

时间单位计划	虚拟受限股
不需要花钱购买	需要花钱购买（净资产估值）
有收益权分红增值	有收益权分红增值
没有表决权	有选举董事的权利
按照能力贡献分配为主	按照责任、贡献分配为主
可以不断增发	增发需要原股东同意
在职期间会失效	在职期间不收回
离职要退出	离职要退出
退休不保留	退休保留

综上，华为薪酬体系的每个构成要素在设计上均体现了非常清晰的逻辑、定义和评价依据，以确保"以奋斗者为本"的理念落地（见表5-4）。

表5-4　不同薪酬构成要素的对比

薪酬构成要素	要素意义	价值体现	评价依据
工资	价值交换	岗位价值	岗位价值评估和人岗匹配、劳动态度、价值观评价
奖金	价值分享	目标责任结果	公司业绩、部门业绩及个人绩效
中长期激励	利益共同体	战略贡献	个人绩效、岗位价值、岗位级别

非物质激励

非物质激励主要体现在机会激励和思想激励两方面（见表5-5）。华为非物质激励的目的是让多数人变成"先进"，让员工都看到机会，拼命努力。

表5-5　华为非物质激励实践

非物质激励	实　践
机会激励	后备干部培训 战略预备队培训 和任正非合影、共进晚餐 破格提拔 上高管会发言
思想激励	年度金牌个人/团队 明日之星 各类公司级/体系级专项奖励 听得进批评和负面声音

近几年，华为在非物质激励上做了很多创新，包括增设了获奖率高达25%的明日之星奖。任正非认为华为的激励还是太偏向于少数人，但华为绝

大多数人是先进人物和优秀分子，应该给他们多发钱、多发奖章。思想激励不仅指树立正确的思想意识，还指公司要听得进批评，不能以"世界老大"的身份自居。

华为不是一家强调高福利的企业。与很多外资企业相比，华为在福利保障方面的定位为基础到中等水平，公司希望将更多的激励资源导向做出业绩的贡献者。

在福利方面，华为总部和国内各大分支机构的餐饮、班车、住宿等服务都需要按照社会平均水平付费。任正非认为，福利的性质是保障，高福利会降低员工的奋斗意志。因此公司所有行政服务体系均依照社会标准运作，公司行政服务体系实行统一监管，确保它能有较好的服务水平。

在保障方面，员工保障由社会保障、商业保险及医疗救助 3 部分组成。除各地法律规定的各类保险外，华为主要为海外员工增投人身意外伤害险、商务旅行险等商业保险，并设置了特殊情况下的公司医疗救助计划。社会保障、商业保险和医疗救助 3 种不同类别的保障机制有机结合，有效地解决了华为的员工保障问题。

在工作环境和行政服务方面，针对海外区域，华为配套搭建了完善的行政平台，为外派员工发放了和当地艰苦系数、消费系数水平相匹配的补助，使员工愿意长期在一线奋斗。

人才发展

在战略规划梳理过程中，华为发现挑战往往出现在战略的执行过程中，主要表现在以下 3 个层面。

- 中高层管理者的战略思维、全球化视野、组织发展、跨领域经验积累亟待提升;
- 基层管理者缺乏项目管理与经营能力;
- 员工的专业能力、专业化(语言、沟通技巧、专业技能)程度不足。

因此,华为人才发展的价值定位是构建战略需要的优秀人才。华为根据岗位要求和职业发展要求,通过新员工入职引导、导师辅导、上岗赋能、关键岗位角色认知、在岗赋能、基层管理者发展项目、高级管理研讨、特定经验的"之"字形成长等多种赋能方式,实现组织能力的持续提升和人才资产的不断增值。

华为在人才发展上有两个抓手:一个是培训培养体系;另一个是任职资格体系。培训培养体系的运作由华为大学及各业务集团、BU 和各区域的学习发展团队负责,形成了华为学习发展规划、内容和方案设计、学习项目交付的一体化组织;任职资格体系的运作由任职资格管理部及公司 13 大专业委员会负责,形成了专业任职资格标准开发、任职资格流程运作、资格认证鉴定的一体化组织。

任职资格作为镜子,牵引员工职业发展和能力提升的方向;培训培养作为桥梁,为员工的成长搭建提升的通道和平台。

华为人才发展的目标包括以下几个方面。

- 支撑公司文化、核心价值观、管理哲学在全球范围内有效传承；

- 支撑公司政策流程、关键经验的赋能，建立公司的共同语言体系，实现战略落地和管理变革；

- 沉淀组织知识资产，形成案例、业务实践总结及方法论，促进经验的全球复制和共享，成为公司商业成功的加速器；

- 以任职资格促使专业队伍不断提升关键能力，保障人才辈出；

- 落实干部管理标准和管理导向，发展干部综合能力，系统构建全球化干部梯队。

都说华为人才"倍"出，但在任正非的心目中，华为依然需要各层级的精英人才和最高层的思想家、战略家。任正非希望，走入无人区的华为，人才队伍中产生的不光是技术专家，还有思想家，让他们构筑未来的世界。

从员工成长角度而言，最好的培训就是"干中学"[○]。华为让员工轮岗，尝试各种项目历练的机会，参与一些跨部门合作的任务等。

华为于 2013 年构建了战略预备队，目标之一是用 3 年的时间推动人才队伍的循环流动，使基层作战团队的人才在循环过程中能够永葆活力。战略预备队从实战出发，给学员提供走上战场后可用的新的作战方法，而非只向其灌输基础知识。在后文中，我会专门就战略预备队进行详细讲解。

人才发展解决方案

华为对不同层级人才的发展有不同的导向。

○ 华为让新员工在实战中学习，学中干，干中学。——编者注

（1）对基层人员，华为强调干一行、专一行，用扎实的工作成果证明自己的能力，强调在实践中发展，在实践中积累经验。

（2）对业务骨干，华为强调人才循环赋能，公司提供跨部门、跨区域的岗位轮换和相应的赋能培训，让人才在全面发展和协调性事务的实践中加强历练。

（3）对于中高层管理者，强调理论收敛，让视野宽广一些、思想活跃一些，在商业模式、技术模式上进行创新，从中高级干部中挖掘战略领袖和思想领袖。华为通过干部"高级管理研讨班"系统研讨，把实践经验上升到了理论高度。这一过程的重点是概念技能的开发和战略管理思维的建构。

围绕上述导向，华为构建了丰富而个性化的人才发展解决方案，除了常规的专业人才培养，每年华为会有诸多项目实践、提高综合能力的机会。全球的骨干们会被选择参加战略预备队的轮训；轮训后，战略预备队中前20%～30%的人会被直接编成小组，空投到全球各个项目中，和当地团队合作作战；作战成功以后，当地团队会评定这部分人才的表现，公司重新分配工作，新工作岗位的代表处、地区部给他们创造机会，按照责任结果评定其职级。这样，华为自然而然地培养出一批生力军。如此循环，华为有了大批复合型梯队人才。

从领导力发展和专业能力发展两个维度看，目前华为典型的人才发展项目包括中高层、基层、所有管理者、战略预备队、青训班、新员工班6个部分（见表5-6）。

表 5-6　华为人才发展典型项目

	领导力发展		专业能力发展
中高层	高级管理研讨班：聚焦管理哲学研讨，面向18级及以上岗位任命后晋级、晋等的干部	战略预备队	"将军池"解决方案重装旅 项目管理资源池 变革战略预备队（训战结合）
基层	直线经理能力提升班：聚焦基础人员管理能力的提升，面向从员工首次晋升为管理者的、实际承担下属绩效管理责任的基层主管	青训班	项目经营与管理能力
所有管理者	经理人反馈计划：针对所有主管，经理人反馈计划能客观地反馈经理人的人员管理能力	新员工班	文化融入、价值观引导职业化

我在做咨询的过程中，发现很多企业的培训发展部门费了很大的力气，却收效甚微，总结一下，大体存在以下几个问题。

1. 培训更多的是概念

随着新技术的出现，新的管理思想和理念层出不穷，培训部门每年做培训计划的时候，必须了解外面现在流行什么，领导者或者高管最近在看什么书，根据这些来明确在培训时确定引入什么概念。互联网思维、阿米巴模式、小米生态链、区块链等，总之是什么流行就引入什么培训。可能从领导者视角看，培训部门做的工作还不错，至少下级能听懂领导者最近说的话了，但回到具体工作中，工作该怎么做还是怎么做，培训没产生什么影响。

2. 培训变成普惠制福利

既然是培训，就会有具体的对象和培训目标。通常，我们认为培训的人数要有所控制，除了大型讲座，通常有互动的培训最好在 30 人左右，最多不要超过 40 人。但很多企业的领导者会这么想：请一个老师来不容易，钱也花了，干脆多安排一些人来听，扩大培训的效果。但那些被邀请来的不太相关的员工不太买账，甚至觉得浪费时间，自然不会好好听讲，而那些本来该好好听讲的员工也会受到影响。加上课堂上人多了以后，老师的互动和关注度就会分散，培训的体验自然就变差了。

3. 培训等同于听讲座

培训的形式很多，有听讲、研讨、工作坊、沙盘模拟等，不同类型的培训形式下，学员的参与度不同，参与度越高的形式，实际上学员的学习效果也会越好。可惜的是，很多企业的培训大多是听讲式的，尤其是管理者参加的培训。老师在台上做讲座，学员在台下听，老师讲完离开，学员听完回去，最后还是各干各的，培训对日常工作没什么影响。

4. 培训的心态是评价

很多做培训的部门常常会苦恼，因为在公司内部，长久以来形成的一种不良风气是，培训课程成为学员看老师演戏的场子。很多学员抱着评价老师而不是学习的心态来参加培训：学员的关注点是这个老师的观点如何，口才如何，他是不是幽默风趣……总之就是聚焦在老师的表现本身，并没有考虑自己是带着什么问题来听讲座的、在工作过程中怎么解决这个问题。于是，培训部门的任务就变成怎么请到最好的、名气大的老师，以应对学员的评价，这样，培训就变味了。

5. 培训后没有落地跟踪

成人学习有一个特点，就是某些知识，课堂学习的吸收率只有 10%，导师辅导的吸收率有 20%，而实践的吸收率高达 70%。大部分公司的培训工作做完后，学员学到了多少，有没有对知识加以实践，那已经不是培训部门的考核内容了。我曾经辅导一家企业做客户 360°分析，在我讲课之前，我问部分学员以前是否学习过类似的课，他们都说"没有"。于是我花了半天的时间来讲客户 360°分析的要素、方法及案例，他们听完后才想起两年前公司做过类似的培训，叫作顾问式营销。我拿他们的教材一看，发现确实有一些内容是之前讲过的，遗憾的是，大家几乎都忘记了。之所以产生这样的结果，就是因为学员没有将学与用结合起来，也没有人追踪学习成果的落地情况。

华为人才发展组织运作

当一家企业人才"倍"出时，企业组织和机制一定是灵活的、高效的；当一家企业后继乏人时，原因有很多，但组织和机制的僵化往往是首要原因。华为在人才发展方面应该说是举全公司之力，全面构筑可在全公司共享和协同的人才资源。人才和企业的关系是平等的，如果企业的人才管理单元缩小到部门，并且部门职能和工作要求多年不变，人才的成长空间便会越来越窄。在这种情况下，要留住优秀人才的难度很大。华为举全公司之力构建人才发展的架构，人才发展也不只是某个部门的职责，而是用人部门、人力资源部门和培训部门要通力协同的任务。

在人才发展的问题上，华为的做法具体如下。

（1）人力资源管理部：负责制订公司级人才发展规划，策划公司级人才发展项目。

（2）各业务部门人力资源部：负责制订业务部门内部的人才发展规划，策划部门级人才发展项目。

（3）华为大学：负责通用型课程开发、课程实施、教务管理和师资管理，为业务部门提出的特定项目需求提供相应的解决方案，并收取相应的费用。

（4）战略预备总队：平台和教育组织，负责学员的训练、管理、鉴定和出队事宜，负责将干部流动和后备干部培养打通，从难、从严、从实战出发进行训练，帮助学员在实战中运用所学为组织做出贡献。

（5）战略预备总队各场景分队：权力机构，负责将需求、训战、任用等环节打通。相关人员可对参训学员行使推荐权、鉴定权、使用权、识别权，也承担推荐不当的责任。该分队重点解决 3 个问题：一是优秀的人进得来，有相应的政策吸引优秀人才入队；二是优秀人才进来以后长得大，有好的培训方法和考核机制，还要解决赋能和激励的问题；三是长大以后出得去，有承接优秀人才的组织，让培养的人真正发挥作用。

分队可结合自身特点制定差异化项目：根据未来的业务需要，决定培养什么人、培养多少人、如何培养、培养的人到哪去，等等，加强学员培养和使用的耦合度。分队不是永久存在的机构，经过一定周期，分队培养的人才具备了新的能力，足以开展组织运作工作后，分队可以解散，分队的种子选手是将来组织的核心骨干。

华为人才发展特色

1.员工是自我发展的第一责任人

华为要求设置培训目标时要基于员工承担的岗位职责对其技能与素质提出的任职要求，培训内容要有针对性。华为几乎不派遣员工去参加外部的 MBA 等课程学习，公司没有设定脱岗学习的政策。我看到一些企业常为高管或核心岗位安排外部进修和培养课程，但往往培训课程学完了，这些人才也跳槽了，实际效果并不好。

华为提倡员工自我学习、团体学习和终身学习，强调知识是劳动的准备过程，劳动的准备过程是员工自己的事情，是员工的投资行为。华为还特别强调，光靠培训是培养不出高级人才的。自 2011 年开始，华为高管参加公司组织的高级研讨班需要支付培训费，在培训期间没有工资，培训的来回机票和住宿费也需要自己支付。因此，在华为，人们谈的更多的是人才发展，而非人才培训。培训和培养，强调的是企业行为，是外力，而任正非认为，员工的成长不是浇花浇草，小草是浇不成大树的。

认真研究华为的培训与学习机制，你就会发现，包括华为大学的高研班培训在内，都不是强制性参加的，华为想要营造的其实是一种自主学习的氛围。

在 1996 年的华为人力资源部培训工作报告会上，任正非指出："我们要创办的华为大学，是一种以自学为主的教育引导体系。它主要是通过引导干部员工不断进步，严格要求自己、约束自己，使自己向着目标逐步迈进。这就是华为大学的真谛。"

后来建成的华为大学也确实做到了这一点。华为大学在对新员工进行培训的过程中，会指导员工设计自己的职业生涯，而且是真正的个人设计，讲师只负责讲解和提示。由于每个人设计的发展方向各不相同，培训需求与内容自然也各不相同，公司提供的只能是满足华为公司全局的、有共通性的培训内容。知识类培训主要以在线课程的形式提供，技能类课程设计成面授或在岗实践模式。华为的岗位培训内容和任职资格的认证内容相适配，一方面确保学以致用，另一方面促进员工职业发展目标的达成，培养员工主动、自发学习的意识。

任正非认为，高级人才光靠企业培训是培养不出来的，必须依靠自我发展。他说："关于员工的提升，我认为一定不能完全依赖公司。公司再卖力搞培训，员工主观上不愿意学习，也是没有用的。所以，做干部的一定要多鼓励员工去学习，要让他们明白，学好了提升自己、升职加薪，是他们自己的事；不学习被淘汰，也是他们自己的事，让他们形成主动学习的意识。"

当然，为了鼓励员工主动学习，华为也做了许多努力。从 2003 年开始，华为先后创设了"培训＋考试""必修＋选修""学习＋实践"等多种提升员工能力的方式，有些部门还推出了"案例集锦""趣味答题""知识竞赛""代码评比"等灵活多样的活动，这些活动并不要求员工必须参加，但凡是积极参与的人不但能丰富自己的知识、提升自己的能力，还可以赢得相应的奖品。除此之外，各部门也都根据自身的实际情况，为员工尽可能地创造主动学习的机会。

2.选拔制基础上的训战结合

参加华为的培训不是普惠制度，也不是一项福利。除了新员工大队培训和专业培训，其他各类定向培训课程对学员均有门槛设定，能参与培训的学员均为责任结果优异、达到岗位模型标准的。

任正非曾经要求："华为大学一定要办得不像大学，因为我们的学员都接受过正规教育。我们的特色就是训战结合，赋予学员专业作战能力。整个公司第一是要奋斗，第二要有学会奋斗的办法，光有干劲、没有能力是不行的。"华为培养干部和专家不是为了培养而培养，而是为了"上战场""多产粮食"。学习项目强调"按实战要求去训练，按训练去实战，训练与实战达到一体化"。不能简单地强调培训了多少人，课程或案例的点击量有多少，而要强调能力预备或者各种转换机制的重要性，强调实战转化，强调"多打粮食"。

什么是训战结合？首先要在培训中构建实战化场景，如真实项目的背景信息、项目管理的真实步骤等；其次要让学员研讨或练习在该场景下处理问题，包括分析影响项目成败的各类因素、研讨各管理步骤的关键要素等，形成解决方案；再次邀请项目管理领域的资深专家，让专家站在客户的角度评判学院制订的解决方案，通过提问、答辩等活动，引导学员思考解决方案的价值、优势、风险和薄弱环节；最后完善方案，对整个过程进行复盘。训战过程体现所学即所得，所学即所用。学完后有考试，考完试在实战中再总结、提高，最终让学员自己悟出原理。华为通过这样的闭环，更直接、有效地提升学员的实战能力。

3. 多岗历练、循环赋能

在华为，员工在不同岗位之间历练，能力转换是常态。当然，员工首先必须在现有岗位上做出贡献，才有资格进行能力转换。华为鼓励研发人员转产品线、产品线人员转客户线、客户线人员转财经或人力资源业务合作伙伴等，这样的多岗历练一方面能激活人才和优化队伍结构，另一方面能锻炼员工的综合能力。

什么是循环赋能？就是培训一段时间就去实践，实践一段时间再回来重复训练。每个阶段的培训内容也是不一样的。在实践中提升能力是华为长期推崇的培养方式。

总之，华为的人才发展机制要求参与者既要会干，还要会学，最后还要会教，形成内部的产学体系，让"小老师"逐渐成为"大教授"，让"二等兵"在战火中升为"将军"。华为致力于选拔那些敢作敢为的优秀将领，把优势资源集中到优质客户身上，用战略机会召唤优秀人才，让有准备的人抓住机会夺取胜利。

4. 强调群体培养

企业的商业模式与市场环境的适应性、可复制性将决定企业的扩张能力和快速成长的空间；而人才的可复制性将决定企业扩张的业务诉求的落地情况。

梯队人才培养是一个系统工程。华为的人才培养是典型的群体式培养，无论是原来的轮值 CEO、现在的轮值董事长，还是各层行政管理团队，华为极少把宝押在一个人身上。华为通过优化人才成长的土壤，通过有挑战性的工作和特派任务，让有才能的人主动曝光。任正非清楚华为的强大不是一个人或几个人的强大，他说过："我什么都不懂，就懂一桶糨糊。把十几万人粘在一起，才有今天华为的强大。"

在群体培养中，华为注重培养基层干部的意志力、毅力，让他们努力奋斗；培养中高级干部的组织能力、协调能力，以及学习别人的能力；培养高级干部的方向感与控制节奏的能力——方向就是目标的位置，节奏就是要审时度势、因势利导，就是灰度。

全球能力中心

华为在定义全球化的目标时，提出了"利用全球能力和资源，做全球生意"的口号。华为早在 2008 年前后就开始试验引入业界的"明白人"制度。华为希望通过引入明白人，补齐内部欠缺的能力，提升组织能力。但华为发现，由于"明白人"没有根和土壤，几年后，他们很难生存下来。吸取了之前的经验，华为现在的全球能力中心就在人才聚集地搭建了开放实验室，把行业伙伴聚集在那里，一起寻找解决方案，一起探讨解决方案。

华为构建全球能力中心的思想是向美国学习得来的。美国的原住民是印第安人，美国以先进的制度、灵活的创新机制、明确清晰的财产权、对个人权利的尊重与保障等举措，吸引了全世界的优秀人才，从而使亿万人才在美国的土地上投资和创新。华为从美国吸引人才的过程中得到启发，希望构建一个能吸引全球优秀人才的生态环境，这个生态环境就是全球能力中心。

华为定义的能力中心和人才中心是不同的。从穷国、战乱国家获取世界级优秀人才，把人才吸引到华为已有的业务所在地，给人才提供一个更能发挥价值的舞台。能力中心是在美国周边有地缘优势的区域新建的人才基地，比如爱尔兰，环境优美，离纽约只有 6 小时的航程，但税收比美国低很多，很多美国大公司都将资源放到了爱尔兰。

当然，能力布局要聚焦主航道，不能为了建而建。华为对全球能力中心有以下核心要求。

（1）不盲目追求"为我所有"，要构建"为我所知、为我所用、为我所有"的能力组合，即将基础技术能力为我所用，但将核心技术、关键控制点为我所有。例如建立制造实验室后，华为要掌握精密制造的能力，但允许别人的制造能力也能达到相应水平，这样可以把生产外包给这些先进公司，迫不得已时，再自己制造。

（2）要整合世界上最优秀的资源，结成战略合作伙伴关系，积蓄整体的系统能力。华为不能什么都做，要依靠生态链，团结上下游共同发展，带动整个产业能力的提升。

华为公司总体营业收入预计在 2025 年前达到 3000 亿美元的水平，3 倍于现在的总量，将给供应链上的公司提供足够的成长空间。从结构上看，华为在相对封闭的、占据绝对主导地位的传统运营商业务中的占比将下滑至 20% 左右，而在更多依赖产业链合作伙伴价值共创的智能终端、云计算、AI 和物联网等业务中的占比将持续提升；同时，华为公司对生态和合作伙伴的态度也正发生着积极的变化，打造多方共赢生态圈，通过做大"蛋糕"在开放环境下实现自身的增长正成为公司的现实选择。

（3）要吸收多学科人才，如神经学、生物、化学、材料、理论物理、系统工程、控制论、统计学等领域的人才，因为他们具备的知识结构能更好地从底层逻辑出发构建对华为有长远影响的技术知识体系。

目前华为至少有700多名数学家，800多名物理学家，120多名化学家，六七千名基础研究的专家，6万多名高级工程师、工程师。

任职资格管理体系

我们在第四章中提到了华为的人才管理金字塔，而华为任职资格体系是支撑人才金字塔能力落地的载体。专业任职资格将不同行业、领域、专业的行为标准进行界定和细化，结合公司的导向和要求，形成一套既有行业参考价值，又适应公司需要的能力标准。1998年，华为开始建立任职资格体系，该体系现在的运作水平已经非常成熟，并在以下方面形成了对组织和员工的共同价值。

- 组织层面：提供清晰的标准以支撑组织对人才价值的评估，为岗位匹配输入人才资源；整合学习资源，引导员工学习发展。
- 员工层面：任职资格管理体系是员工能力提升的指南针，体现员工所在岗位的职责要求。通过任职资格管理体系，员工得以提升职位胜任能力，获得更多的任用机会。

任职资格管理体系包括职位层级、职业序列与发展通道、任职资格标准、任职资格认证流程和任职资格体系运作。

1. 职位层级

华为的职位层级分为 12～23 级，其定位及描述如表 5-7 所示。

表5-7　职级标准定义

职级	通用定位	定位描述
12级	基础工作执行者	按标准流程指引，在指导下开展有一定专业性、辅助性的工作或基础执行工作。对个人工作成果的及时性与准确性负责
13级	例行工作执行者	按照工作流程，在一定指导下开展较为专业的例行工作。对个人工作成果负责
14级	初步的独立贡献者	承担单一模块业务的部分职责，具体执行本模块中的小项目，独立开展例行工作。对本模块部分业务的工作成果或中小项目执行的质量和时效负责
15级	独立贡献者/初步的团队贡献者	承担单一模块业务的职责或负责本领域大型项目某一范围的具体执行和落实，并指导他人开展工作。对本模块业务的工作成果或项目产出负责
16级	团队贡献者	承担本领域多模块业务的职责，独立或组织他人完成工作；承担本领域重大项目某一范围的策划、推动和执行工作。对负责范围的流程优化有贡献
17级	关键贡献者	承担本领域多模块业务的职责，组织他人完成综合或复杂的工作，承担本领域重大项目的推动和执行工作。为政策制度或流程改进提供重要输入
18级	准专家	承担本领域综合业务的职责，组织他人完成综合或复杂的工作，为局部经营业绩带来明显影响。在本领域的能力提升上做出贡献

职级	通用定位	定位描述
19级	专家	承担本领域业务/技术规划的职责，进行业务/技术和专业解决方案的创新，为公司中短期经营业绩带来影响；提升本领域的水平
20级	资深专家	规划本领域业务/技术的方向，进行业务/技术和专业解决方案的整合和创新，为公司中短期经营业绩带来较广泛的影响，系统性地提升组织在该领域的竞争能力
21级	领域权威	规划公司关键领域业务/技术的方向，指导领域内业务/技术和专业解决方案的创新并有所突破，为公司中长期经营业绩带来显著影响，使领域能力达到行业领先水平
22级	领域发展领导者	提出公司关键领域的发展愿景，引领和规划该关键领域业务/技术的方向，并带来重要创新和突破，为公司中长期经营业绩带来广泛、显著的影响，领域能力达到行业领先水平
23级	愿景领导者	提出公司核心业务的发展愿景，融合和引领相关的全球业务/技术的方向，并带来重大创新和突破，为公司中长期经营业绩带来革命性影响，使领域能力达到行业领先水平

注：华为公司每年例行回顾及刷新职级体系。

2.职业序列与发展通道

在职业序列与发展通道方面，华为将任职资格与职位相结合，为员工提供职业发展通道，保证企业与个人双重增值（见图 5-9）。

管理　全球执行管理者　高层管理者　中层管理者　基层管理者

业务技术　首席专家　资深专家　专家　核心骨干

骨干

基层业务人员

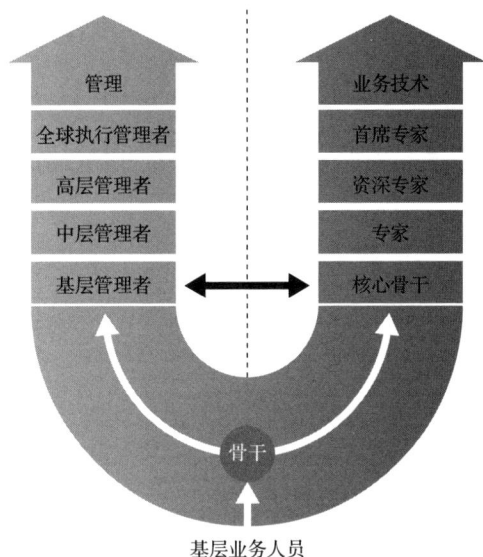

图 5-9　职业发展双通道体系

3. 任职资格标准

在任职资格标准方面，华为采取了两种模式进行管理，模式一是量化分级的任职资格管理（见表 5-8）。

表5-8　华为任职资格标准（以客户直销类任职为例）

绩效贡献			关键能力	
责任贡献	格局	市场目标和产品目标的完成情况	知识技能	客户关系建设能力
	竞争	利润、规模和格局的达成情况、市场压制比		项目运作能力 战略及规划能力
	盈利	回款情况、难点条款改进情况		交易管理能力
专业反馈		案例、经验总结 专业授课情况 当导师的情况	影响力	资源沟通能力 客户沟通能力
			解决问题	竞争管理能力 危机管理能力

这个版本的量化分级任职资格标准是经过华为迭代的版本，最初合益咨询公司给华为提供的是基于基本条件、能力条件和行为条件的模式，现在，华为从绩效贡献和关键能力两个维度体现任职资格标准，架构更简洁、更清晰。

模式二是基于作战记录的任职资格管理。

这一模式针对结果易于量化、责任贡献更直接的岗位，基于作战记录进行任职资格管理，将岗位要求与作战记录匹配后进行集体评议，评议通过后将结果记录在 IT 系统中。

4. 任职资格认证流程

任职资格认证流程具体如下。

（1）任职资格首先由员工提出申请，并经过上级主管推荐。

（2）认证过程采用分层分级管理方式，原则上，2 级以下认证由主管对照标准对申请人进行逐项评议，3 级及以上认证需由岗位级别对应的任职资格认证小组举行答辩会并集体评议。

（3）为增加认证的透明度，任职申请材料或认证结果其中一项需进行公示。

（4）在认证过程中，评委会综合意见对员工的认证结果进行点评，反馈优点和改进点，认证结果由上级主管负责沟通。

任职资格认证流程进行时，华为还从组织和员工维度考虑任职资格认证标准及任职资格认证结果的应用（见表 5-9）。

表5-9　任职资格应用

维度	任职资格认证标准	任职资格认证结果
组织	培训体系根据各岗位的认证资格要求进行课程设计 作为职位说明书中对任职资格的细化描述，在招聘过程中用于确定拟定招聘职位的考察标准	任职结果两年有效，作为组织评价员工岗位胜任度的依据 主管对员工工作改进方向的建议
员工	日常工作改进的依据	获得相应的任职资格是上岗的必要非充分条件，是人岗匹配的必备条件

5. 任职资格体系运作

在华为，公司人力资源管理部、任职资格专委会以及各级业务部门人力资源部负责任职资格体系的运作工作，它们各自负责以下工作。

（1）公司人力资源管理部：负责制定和推行任职资格管理制度；审批任职资格标准、认证和复核结果，维护任职资格结果数据；受理申诉。

（2）任职资格专委会：明确本专业领域队伍能力建设的方向和首要任务，负责任职资格管理体系的运作，包括优化标准、管理评委、高端认证、认证审批等。

（3）各级业务部门人力资源部：负责组织相关业务主管参与任职资格标准的开发及优化工作。

第六章

干部管理实践

只要坚持能上能下地按岗位目标责任标准使用干部，华为的红旗是一定可以持续飘扬的。

——任正非

企业的发展和团队领导者的能力密切相关，因为是团队领导者在主导瞄准市场机会、把握机会点，带领团队突破。团队领导者就是各级干部，如果干部支撑不了战略落地，那么企业战略就有可能失败。

华为干部管理体系中的方法和实践经验值得很多公司学习。华为把干部管理分为 3 个阶段——继任管理（后备干部管理）、任命管理（新干部管理）、在岗管理（在任干部管理），干部管理的主要工作就是对处于上述 3 个阶段的干部进行管理。华为的干部管理体系也称为"从士兵到士官，再到将军"的干部发展体系。

华为干部管理体系的顶层设计

华为的干部管理体系也是业内很多大企业争相学习的标杆，它被称为中西管理模式结合的典范。干部管理是一项具有战略高度的工作，因此，华为非常注重干部管理体系的架构和顶层设计。我把华为干部管理体系总结成一个模型——洋葱模型（见图 6-1）。

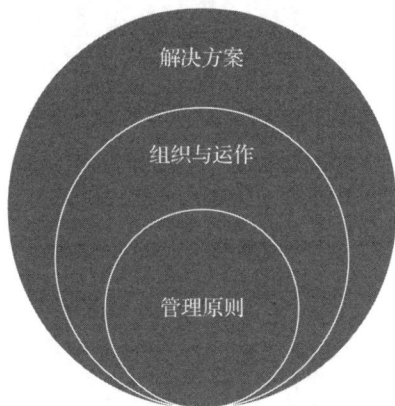

图 6-1　华为干部管理的洋葱模型

第一个层面：管理原则，即明确干部管理的原则。华为的管理体系有个特点，就是管理一定是关联战略和文化的，干部管理体系也不例外。通常，干部管理的理念和原则要承载 3 个要素：首先是体现公司的企业文化和价值观；其次是承载公司过去的成功经验；最后是明确公司未来的战略诉求对干部管理的要求。

第二个层面：组织与运作，即定义干部由谁来管、怎么管。干部管理是一个体系，既然是体系，就必须有对应的管理机构和流程。华为干部管理的政策和制度由人力资源管理部拟制，流程运作由总干部部实施，干部培训由华为大学实施，干部价值观和作风问题管理由党委负责，干部监管监察由上级主管及内审内控部门负责。

第三个层面：解决方案，即设计管理干部的具体方法，该方案包括干部选拔标准及干部考察、干部选拔、干部发展、干部流动和干部监管等环节的具体做法。

三个层面的有机结合，增强了华为干部管理体系的可落地性。经过多年的实践，华为明确了"干部是自己打出来的"这一管理理念，形成了在关键行为中考察干部、在成功实践中选拔干部、在战斗中磨砺干部的管理思想，持续打造敢于担当、勇于牺牲，能引领组织前行的"火车头"队伍。这些策略为想要构建干部体系的企业提供了很好的借鉴。

整个干部管理体系的落地不是一朝一夕就能完成的，也不是由某个部门牵头就能做好的，它一定是"一把手"工程。任正非亲自管总干部部，并担任华为战略预备队指导委员会主任，足见干部管理工作地位之高。

干部管理的原则

华为在人才管理方面的举措颇具科学性，在干部选拔、配备与流动管理方面，借鉴其人才管理方面的优势，按照以下原则管理干部。

1.猛将必发于卒伍，宰相必起于州郡

华为强调要从有成功经验的人中选拔、培养干部，反对纸上谈兵。在干部选拔过程中强调以责任结果为导向，在责任结果导向的基础上按能力选拔干部。华为要求干部有基层实践经验，没有基层实践经验的机关人员不能直接被选拔为管理干部。

2.加强干部纵向（干部能上能下）和横向（干部"之"字形成长路线）循环流动

华为管理干部的"之"字形成长路线，使中、高级干部的职位在一定体系范围内变动，有利于优秀干部快速成长，同时也能将优秀的管理技巧传播到各个部门，有利于企业各部门均衡发展。

与此同时，管理人才能在"之"字形成长路线中不断积累实践经验，拓展自身宽度，并且能够有效加深对企业的了解，对公司的发展方向也能有更加清晰的认识。同时，干部的"之"字形成长路线也加强了干部的流动性，避免了原地提拔干部可能造成的腐败现象，这一方式值得广大企业经营者借鉴。

3. 在实践中培养能力

自1987年成立以来的30多年间，华为的业务一直都在高速发展。因此，华为在所有的业务线、客户群、产品团队中，对于不同岗位的人才都有极大的需求。如果只是按照岗位任职资格的要求，先把人培养合格，再将其放到相应的岗位上，无论是所需时间还是企业的培养能力，都远远赶不上需求的增长。所以只要有基本合适的人，先让他们快速上岗，到岗以后再培养，同时在使用人才时再对其进行能力和绩效考察，因此，"战壕提拔"就成为华为在人才培养和选拔方面一个非常重要的手段。

4. 不求全责备，用人所长

华为希望选出来的人才能组成一支战斗力很强的军队，因此，华为既要采用科学的评价体系，又要有灰度管理。任正非曾说，我们要的是战士，而不是完美的苍蝇，就是说不求全责备，不要求每个人都成为完美的人。优点突出的人往往缺点也很突出，有突出缺点的人不一定不能成为好干部。审视某人的缺点时要看主要方面，只要他思想、道德没有问题，就可以被宽容对待。在干部管理工作中，华为围绕组织愿景，形成组织牵引力。这样一来，有些能力不是很全面的干部也能够燃起雄心，提高意志张力，将自己的力量化作华为群体性的凝聚力和战斗力。

5. 以全球化视野选拔和配备干部

华为强调，干部是对市场有深刻体验，同时具有广泛文化背景的人。高级干部更应该如此。因此，华为大胆、开放、积极地引入外籍CXO、外籍专家，与华为的优秀人才组成混合型团队，建设"混凝土"组织。华为要求，中高级管理岗位及要管理海外业务的干部，一定要有海外一线的工作经历，具有全球化业务思维。

干部管理组织与运作

早期华为规模小，干部选拔由高层直接考察决定。随着华为的快速发展，人员激增，高层不可能逐一考察各层干部，于是，干部选拔权力便转移到各层主管的手中。"绝对的权力导致绝对的腐败"，华为内部也出现了一些负面现象：某些主管任人唯亲，拉帮结派，根据个人好恶提拔人才；某些主管在管理过程中独裁专制，不允许团队中有不同的声音，使一些热衷于"内部公关""高层公关"的人得到机会，而真正在一线勤勉工作的人才却没有机会；还有些主管只关注自身，不关注跨部门业务的推动情况，不能站在公司全局考虑问题；原有的选拔制度导致一些选出来的干部无法承担相关职责，在其位不谋其职，更无法带动团队持续艰苦奋斗，也使一些绩效优秀、有管理潜质的员工被打压，对组织产生不满或失去信心。

除此之外，原有制度下干部任用效率低，干部质量无法得到有效保证。在原有制度中，为了防止干部任用权力下放造成选拔质量下降的问题，各层管理者，甚至员工的任命最后都要由华为最高层领导者签字批准，整个任命周期非常长，导致很多干部在岗位上做了很久还没有被任命，也可能使一些重要责任岗位长期虚位以待。

实际上，很多人并没有太多与华为中高层领导者直接接触的机会，华为各级主管对他们可能也不了解。因此，由最高层领导者签字其实并不能很好地保证这些干部的质量。与此同时，随着华为业务向全球拓展，公司干部储备远远无法满足公司对优秀干部的需求，在原有制度下，容易导致一些部门将任命干部、干部培养等问题交给公司处理，而自身并不关注干部的培养和领导问题，存在严重的"等、靠、要"心理。

面对这些问题，华为迫切需要新的干部任命选拔机制来适应未来发展的需要。2005 年，华为在美世咨询的帮助下开始优化组织治理架构；2006 年9—11 月，华为签发了一系列关于华为各组织设立与运作、公司治理的纲领性文件（华为司发〔2006〕226—230 号文件）。各组织的设立为"三权分立"的干部管理机制的落实奠定了基础。2007 年 3—9 月，人力资源管理部、EMT 秘书处、公司党委组织干部部、华为大学、原销售服务干部部、原产品与解决方案干部部等有关部门，一起讨论了"三权分立"机制的推行思路、模板，并向 EMT 做了 4 次汇报，就干部任用与管理权力的分层和授权问题、干部的品德标准等具体内容、干部信息公示等问题进行了详细的讨论。

"三权分立"的干部管理制度，即将干部任用、干部评议和激励中的建议权／建议否决权、评议权／审核权、否决权／弹劾权分立运作，具体要求如下。

（1）赋予日常实际管理干部、员工的相应行政管理团队（AT）以建议权，赋予对应的矩阵管理组织以建议否决权。

（2）赋予促进能力建设与提升的华为大学、专业委员会以及对过程规范性进行把关的人力资源管理部、干部部等组织以评议权。

（3）赋予代表华为全局利益的跨部门委员会和对思想品德进行把关的党委组织干部部等组织以否决权和弹劾权。否决权和弹劾权都要有事实依据。各级员工的举报是实名制的，经过调查确认属实，就可以行使否决权和弹劾权。

以华为国内市场部某代表处代表的任命为例，图 6-2 就是从推荐到完成任命的全流程。

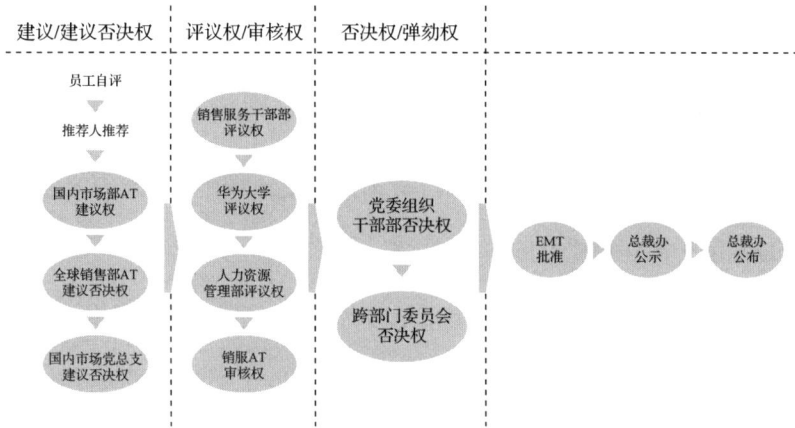

图 6-2 某代表处代表的任命流程

在干部管理中，三权分属于不同部门，通过权力的分层授权，把一部分任命权下放给各层管理者，既能提升效率，又能通过分权和制约保证任命的质量。各部门合法行使相应权力并接受监督，承担相关的连带责任，确保华为干部管理和人力资源管理的政策导向与制度要求得到充分体现。干部管理"三权分立"不仅意味着干部选拔工作方式的转变，而且表明它的终极目标是提升华为的管理能力，为华为的长远发展提供动力。

公司总裁根据管理规则的要求，采用隔层授予的方式，将部分中高层干部、中基层干部、普通员工、业务技术专家的行政任命审批和发布的权力授予其所在部门的上上一级管理团队，被授权的团队接受公司监督，以提高干部任命的运作效率。根据这一授权规则，对一部分干部和专业人员的任命即可在各业务体系发布，这样，公司在"公司文件夹"[○]上发布的任命就相应减少了。行使权力的三方互相合作形成合力，可以高质量、高效率地选出优秀干部；三方相互制约，可以防止腐败滋生。

当然，"三权分立"机制只能保证干部任命流程的公正性，如行使者不负责任，不坚持原则，互相妥协，或者三方在制约时互相攻击，造成内耗的局面，那"三权分立"的效果就会大打折扣。因此，规范、高效的行政管理团队运作是保证干部任用质量的关键。

接下来的部分，我将从华为干部选拔标准、干部考察、干部选拔、干部发展、干部流动和干部监管 6 个部分来解析华为的干部管理解决方案。

干部选拔标准

对于任何一家企业来说，干部队伍都是人力资源体系建设的重要内容，

○ 指发布公司级文件的文件系统。

能否选好干部、用好干部，在某种程度上决定了企业在市场竞争中的成败。为保证公司干部管理体系的一致性，使"公司更富有前途，工作更富有成效，员工更富有成就"，干部选拔标准的确立就非常重要。因此，在干部管理体系中，首先要明确干部选拔标准。

对干部的选拔要以责任结果为依据。好的干部是干出来的，对干部素质的评判更应以责任结果为依据，避免唯素质论；没有好的责任结果的干部不应该被提拔或被培养。

华为在干部选拔中要求干部满足以下 4 个要求：

- 干部必须拥有正确的价值观，即干部的个人价值观与公司价值观要高度契合，被选拔的员工在思想上、行动上要高度认同并贯彻华为"以客户为中心，以奋斗者为本，坚持艰苦奋斗"的价值观。

- 干部要具备良好的品德。华为主要通过关键事件进行品德考察，通过被考察员工在具体事件中的表现对其进行品德认证。

- 干部要具有良好的绩效。在华为，只有绩效排名前25%的员工才有资格参与干部选拔，华为认可的绩效指标是一种以结果为导向的衡量标准，即最终对客户做出的贡献才是绩效，关键行为内容要以结果为导向，能力素质不等于绩效。

- 干部能力素质高。华为认为，领导素质是干部带领团队持续取得高绩效的关键要素，能力素质主要包括决断力、理解力、执行力、人际连接力。高级干部要具备比较强的决断力和人际连接力，中层干部要具备理解力，基层干部要具备执行力。

华为干部通用标准

价值观是衡量干部的基础，品德与作风是华为公司干部的资格底线，绩效是干部选拔的必要条件和分水岭，能力素质是干部持续取得高绩效的关键要素，以下是华为衡量干部的通用标准（见图6-3）。

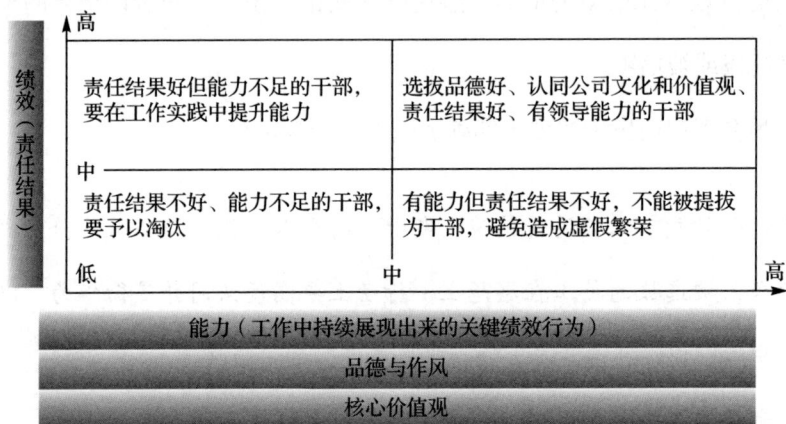

图6-3 华为干部通用标准

1. 价值观是衡量干部的基础

华为认为，选干部就是要选同心人，干部的首要责任就是践行和传承公司的价值观和文化。华为公司的价值观蕴含华为公司的愿景、使命和战略，对个体价值观和文化的判定，最直接的办法就是听其言、观其行，因此，公司以价值观为导向，围绕关键事件和周边调查衡量干部与这个标准的符合度。

华为按照以下 3 个维度评价干部的价值观。

- 是否围绕"以客户为中心"开展工作，将"为客户创造商业价值"作为个人和团队的关键绩效目标，而不是以上级为中心开展工作。
- 是否持续保持奋斗，尤其是是否具备艰苦奋斗的精神，工作充满激情，有干劲，不惰怠。
- 能否坚持自我批判：是否善于听取不同意见，心态开放，不封闭。

针对不同层级的干部，任正非强调以下几点。

- 高层要有使命感：要带领团队前进，要有必胜的信念。
- 中层要有危机感：要赛马，识别优秀的，淘汰落后的，所有干部都要有危机感。
- 基层要有饥饿感：要有自主自发学习的热情，渴望成长。

2. 品德与作风是资格底线

干部要看品德，不能唯才是举。华为大学的门口立着一块石碑，刻着 8 个字"小胜靠智，大胜在德"。越是高层干部，品德与作风越重要。华为反对唯唯诺诺、明哲保身的人做干部，认为在工作中不敢承担责任、时时观察上级态度，都是干部不成熟的表现；工作方法粗暴，则是缺乏能力的表现。干部在任前接受 360° 调查，如有人反映干部在品德作风方面有问题，经过核实属实的，党委可以行使一票否决权。华为公司的党委专门接受相关投诉，华为要求举报实名制，党委则会为举报者保密。

华为按照以下 3 个维度评价干部的品德与作风。

● 能否客观公正地用人：是否无私，不拉帮结派、不按个人喜好来评价人和任用人，公平对待下属。

● 是否真正对事情负责：是否实事求是，敢讲真话，敢于批评公司及上级，不捂盖子，不谎报军情，报喜更报忧，不夸大业绩。

● 能否经受不公平：是否耐得住寂寞，受得了委屈，懂得妥协，能处理好大我与小我的关系。

3. 绩效是干部选拔的必要条件和分水岭

在华为，不论是员工还是干部，都要接受绩效评价。衡量绩效好坏的统一标准是"为客户创造价值"，任何不能为客户创造价值的组织、流程和动作，都是多余的。干部选拔以绩效为分水岭，对于绩效排名在前 25% 的人，组织可以进一步考察其关键行为过程，评估其能力素质；绩效排名不在前 25% 的人不在干部提拔之列。

2011 年，华为的营业收入达到了约 324 亿美元（约合人民币 2039 亿元），但任正非在华为 EMT 纪要〔2011〕008 号文件中继续强调："本次 BG、EMT 成员的选拔，以及后续的各层干部选拔，应导向攻击前进。各业务经营单元应聚焦于将饼做大，而非将精力放在内部如何分饼上。"

对于一些为公司做出巨大贡献，但在资历、级别上尚不满足要求的员工，华为从不吝惜对他们进行奖励和表彰，倘若经过考验，这样卓越的奋斗者确实有能力担当大任，华为也从来不会吝惜对他们破格晋升。任正非曾在 2012

年 7 月召开的华为 EMT 办公例会上指示华为管理层："有过成功经验的'连长'可以被直接提为'团长'，有过成功经验的'团长'可以被直接提为'军长'，没有必要一定经过'营'或'师'这一级，因为只要他带过一个'团'，到一个'军'只是范围扩大了而已。"

华为按照以下 3 个维度评价干部的绩效。

● 是不是个人努力带来的绩效：评价干部绩效不是简单地看财务指标，还要看干部具体做了什么，干部只做上传下达的工作，不指导、不思考、不决策，这样的行为属于不作为。

● 是否为客户做了贡献：要和客户共创商业成功，要帮助客户解决痛点，帮助客户更好地发展业务。

● 是否持续拥有高绩效：衡量干部绩效要看该干部的绩效是持续的高绩效，还是一两次的偶然事件，长期持续的高绩效才能体现干部的真实绩效水平。

4. 能力素质是干部持续取得高绩效的关键要素

华为对能力素质的要求包括一些通用的能力，也包括一些不同岗位的专有化能力。总之，能力素质是指工作中持续展现的关键绩效行为。成功的实践经验是对能力素质的验证。对干部而言，领导力的要求就是华为共同的能力标准。2005 年，华为与咨询公司合作，开发了华为领导力模型，在 3 个维度上有九条标准，简称"干部九条"（见表 6-1）。

表6-1　华为"干部九条"

发展客户能力	发展组织能力	发展个人能力
关注客户	团队领导力	成就导向
		组织承诺
与之建立伙伴关系	塑造组织能力	战略思维
	跨部门合作	理解他人

将"干部九条"付诸实践之后，华为慢慢研发出了"干部四力"，即决断力、执行力、理解力、人际连接力（见表6-2）。

表6-2　"干部四力"的评价维度

干部四力	决断力	执行力	理解力	人际连接力
解读	战斗决断力	业务执行力	战略洞察力	客户拓展力
维度	• 善于抓住主要矛盾及矛盾的主要方面（战略思维） • 敢于决策和承担责任（战略风险承担）	• 目标结果导向，在资源和时间的约束下出色地完成工作任务（目标结果导向） • 组织运作、能力建设与持续改进（组织发展） • 激励与发展团队 • 跨部门协作、协调与推动	• 理解业务（商业敏感） • 理解文化（跨文化融合） • 理解环境（横向思维）	• 开放性 • 善于与客户打成一片（建立客户伙伴关系） • 妥协

除了上述标准，任正非还强调，好的领导者和管理者还要有广阔的视野。好的领导者和管理者要有广阔的阅读面与视野，要看清行业的变化，只有这样，他们才能规范好内部行为。视野非常重要，视野不完全来自经验，还来自学习。眼睛只看内部、忙着做内部规范的干部，因为看不清外部的变化，

很可能被淘汰。

华为对不同类型干部的能力要求

针对具体的岗位特点和业务要求，华为还提出了更多的对不同类型干部的能力要求，这些针对性的要求体现了华为在干部管理上真抓实干、落地务实的风格以及任正非非凡的识人辨才的能力。

1. 对正职干部的能力要求

（1）正职必须有战略洞察能力与战斗决断力，要敢于进攻。文质彬彬、事无巨细、"眉毛胡子一把抓"、越抓越细的人是不适合做正职的。

（2）作战主官应关注胜利，要把确定性事权分给职能部门。

（3）正职必须清晰地理解公司的战略方向，对工作有周密的策划。有清晰的方向与严密的组织并不矛盾。

（4）有决心、有意志、有毅力，富有自我牺牲精神。

（5）能带领团队不断实现新的突破。

（6）评价正职时不一定要将战利品作为评价依据，应对他们在关键事件中表现出的领导者特质予以关注。

2. 对副职干部的能力要求

（1）副职要精于管理，大大咧咧的人不适合做副职。

（2）副职通过精细化管理撕开口子后，要能精耕细作；具备正确的执行力，从而实现组织意图。

（3）机关副职的责任承担者要逐步由具有成功实践经验的职业经理人担任。

3. 对平台主管的要求

(1) 一切平台主管，眼睛应盯着"前线"，驱使自己的部门及时、准确地提供服务与支持。对平台主管的考核取决于他们服务事项的结果。前方打了败仗，平台主管也是败将。

(2) 主管失误不掩盖将士的努力，将士中也有人做出了可歌可泣的举动。

4. 对特定岗位的要求

华为对具体干部岗位的要求也在不断明确。以交付与服务副总裁或副代表为例，自 2017 年 1 月 1 日起，华为做出了以下规定。

(1) 新任命的交付与服务副总裁或副代表须具备两年以上网络维护工作经验。

(2) 现岗的交付与服务副总裁或副代表如无维护经验，需补充。

这个要求体现了以客户为中心的导向，即维护好客户的网络，保障客户网络健康、稳定地运行，是让客户满意及支撑华为业务有序、稳定、健康、可持续发展的基础。

5. 对企业接班人的要求

(1) 华为的接班人，除了满足视野、品格、意志方面的要求，还要对价值有高瞻远瞩的洞察，以及具有驾驭商业生态环境的能力。

(2) 华为的接班人，要具有全球视野，具有完成交易、服务目标的能力，对新技术与客户需求有深刻的理解，不故步自封。

(3) 华为的接班人必须有对公司庞大的业务流、物流、资金流等进行简化管理的能力。

干部考察

干部考察的目的

干部考察的目的是更准确地了解干部，发现人才，提拔绩优干部，激活组织，淘汰不合格干部，提升干部评议质量，从而为干部的选、用、留、育、管等管理工作起支撑及连接作用。

干部考察的方式

华为在进行干部考察工作时，主要采取以下 3 种方式。

（1）面对面交流与考察。管理者能获得更加全面、真实的信息，保证评议结果更加深入、准确。

（2）从实践中观察。不但要听其言，更要观其行，管理者能更直观地感受干部日常业务管理和人员管理的风格与能力。

（3）周边调查。全面收集对新提拔的干部的反馈意见，了解干部的工作协同性、品德作风等。

干部考察的要求

在干部考察工作中，华为对考察类型、考察程序、考察对象、考察人、考察标准、考察方法、考察输出均做了系统的规定（见表6-3）。除此之外，华为还对干部考察工作做了以下要求。

（1）考察人须具备干部考察资格。

（2）考察过程中形成的干部考察评议表（见表6-4），在人力资源管理部统一存档。

（3）干部考察结果在干部提名、弹劾、破格提拔、干部继任计划等环节
应用。

表6-3　干部考察工作要点

工作要点	要点概述
考察类型	定向考察：针对特定人、特定内容；目的性强，要充分准备和预设输入；投入大、精细，量少但系统 随机考察：业务活动进行时派生的不拘泥于形式的干部考察活动，投入少、快速，量大但不系统
考察程序	定向考察： 3个阶段：考察准备、考察实施、考察输出 6个动作：确定考察对象、制订考察方案、查阅资料、现场考察评议、意见输出、评议意见归档 随机考察：没有考察准备阶段，动作均可随机简化，意见输出为必备要求
考察对象	原则上对考察对象不设限制，但主要以3类人为主：为客户直接创造价值的干部、承担损益责任和面向区域或全球业务岗位的干部、其他高潜力人才
考察人	跨层级管理团队成员 通过不定期的交流，总结经验、提升技能
考察标准 （内容）	干部标准 岗位要求
考察方法 （工具）	定向考察方法：走动管理、集体考察（参加研讨班、工作汇报等）、一对一面试等面对面考察方法 随机考察方法：随机选择并简化各种方法，重在面对面地看、听、问 基于岗位职责提示关注与问询方向，不断丰富考察方法
考察输出	考察评议表，包含对干部经验、能力、绩效、核心价值观、品德与作风等的评议，就现任岗位胜任度、下一步建议给出意见

表6-4　干部考察评议表

评估维度	子维度	评估结果/意见
经验	业务型经验	
	管理型经验	
	业务周期型经验	
能力	决断力	
	理解力	
	执行力	
	人际连接力	
绩效	过去两年的绩效情况	
核心价值观	–	
品德与作风	–	
现任岗位胜任度	–	
下一步建议	是否提名	
	是否弹劾	
	改进跟踪	
	破格提拔	
	高潜力关注	

干部选拔

1997 年，华为中试部新员工延俊华给任正非写了一封题为《千里奔华为》的谏言信，信中指出了华为存在的一系列问题，提出了发展建议，信中很多问题都切中要害。任正非以"一个会思考并热爱华为的人"为由，直接将延俊华提拔为部门副部长。

华为的传奇人物李一男，进入华为时年仅 23 岁，入职仅两周就成为高级工程师，半年后就任华为中央研究院副总裁，一年后升任华为中央研究院总裁，两年后成为华为最年轻的常务副总裁。

华为上海研究所所长王海杰，32 岁时就和摩托罗拉全球移动通信系统（GSM）研发总工程师同桌谈判；华为原副总裁胡红卫，在入职不到 4 年的时间内就因出众的个人能力被提拔为制造部总经理、计划部总经理。

当然，华为破格用人并不是凭任正非或某些高管的个人喜好用人，每一个被破格任用的华为人都必须具有突出的能力，做出突出的贡献，这是华为用人的基本准则。

从一线选拔原则

在全球化的背景下，华为提出"要从铁的奋斗洪流中选拔成千上万的接班人""都江堰疏导不了太平洋""秦淮河边上产生不了世界领袖"，干部要到一线去，从实践中获取成功的经验，以获得肩负更重要使命的能力和资格。这些在一线真正战斗并成功的人才，就是华为的最佳接班人。

从优秀团队选拔原则

出成绩的地方也要出人才。华为强调在英勇善战、不畏艰苦的员工群体中选拔后备干部。正如前文所说，"打下山头"的人里，终究有一个人可以做"连长"。

华为一直强调奖励要向艰苦地区的奋斗者倾斜，这个政策并不仅仅停留在口号上，还落实到了实际行动中：华为确实给予了那些在艰苦地区工作的员工更多机会。

华为提倡要有艰苦奋斗的精神，这也是华为的企业文化和价值观。只有认同公司价值观、吃苦耐劳、有艰苦奋斗精神的人才能成为管理者，做不到这一点的人只能做基层员工。

坚持干部年轻化

华为坚持干部年轻化导向，尤其在艰苦一线，对于年轻干部的选拔，华为更看重关键事件，给予一定层级的主管破格提拔的权力，对破格提拔的人选，加大宣传力度，让其他员工明白人人都有被提拔的机会。

比如，一名在艰苦地区工作过的华为员工，进入公司 6 年后就成为公司总经理助理；一名在苏丹工作的员工，由于业绩突出，短短几年内就被提拔为区域总经理，这都是干部年轻化原则的体现。

干部发展

在 2014 年的一次内部会议中，任正非提道："未来信息社会到底是什么样的，人们还没有想明白，我们也没有想明白。当年我们提出'太平洋管道'，仅仅是在技术上领先了别人一步，获得了战略地位，在企业、市场等其他方面，我们还没有获得战略地位。信息与通信技术大数据一定有很多机会，我们一定要把握应该把握的重要机会，而要攻下战略机会点，不仅靠物质激励，更重要的是要培养战略系统思维。"

拿下战略机会点与公司的整体知识结构、思维结构、组织结构等都有关系。对公司而言，培养大思维家、战略家尤为重要，今天若不培养这些重要人才，未来可能错失战略机会点。

因此，只有加强战略后备队的建设，公司的战略才有支撑。

干部战略后备机制

满足干部需求要以建立足够的分层分级的后备干部资源池作为保证。建立后备干部资源池的本质是建立一套动态的、例行运作的后备干部选拔、考察、培养、淘汰、使用的机制。

华为的后备干部可以通过各级管理团队推荐，也可以自荐，但必须通过对关键否决条件的审核，进入资源池后，他们将接受更多的挑战、更艰巨的任务，也会受到更为严格的考察与约束，这个过程就是培养。在培养过程中被淘汰的人，改进后有可能再次进入后备干部资源池，但也随时有可能被再次淘汰，因此，这是一个熔炉，而不是保险柜，只有那些能始终通过最严格考验的人，才能真正走上各级管理岗位，不进则退是这个系统最大的特点。

针对企业发展的不同阶段，华为设计了相应的后备培养平台支撑人才的发展。例如：2009 年成立的后备干部总队是为了更有序地培养后备干部；2011 年成立的"蜂群"和"飞虎队"是为了抓住市场大颗粒机会点⊖，快速响应一线作战项目，且能有效地利用专家资源；2013 年成立的"战略预备队"是为了传递技术、管理理念，以及输送人才；2016 年成立了战略预备队指导委员会，2017 年进一步明确了战略预备队的培养目标是为公司大结构转型培

⊖ 指比较重大的商机。

养各级专家、职员、主管。

纵观华为的人才发展变革，我们能明显感觉到任正非早些年在军队的工作经历对他现在的战略战术布局的影响，借此我们来谈谈华为"战略预备队"的由来。

1. 预备队思路的来源

预备队是军队作战部署中机动使用的兵力编组，掌握并适时使用预备队对于夺取作战主动权、取得作战胜利具有重要意义。"战略预备队"是指由统帅部直接领导指挥的强大机动兵团。"战略预备队"一般被集中使用于具有决定意义的方向或地域，统帅部需要正确地把握作战时机，密切协同动作，要为战略预备队提供周密的组织保障，加强各种支援和掩护。

实际上，"预备队"这个词出现并不久，只有短短几十年的时间，但"预备队"这一理念古已有之。早在公元前 4 世纪，战国时期著名军事家孙膑就提出了"斗一、守二"的思想，主张作战时以 1/3 的兵力为前锋，与敌交战；以 2/3 的兵力作为后队，待令而动。欧洲马其顿国王亚历山大提出了让中等装备的步兵组成预备队的思想，并在高加米拉之战中投入预备队，借此打败了波斯军队。

作为有过部队经历的企业家，任正非对于"预备队"的战法、战例肯定很熟悉。正是因为这一方法效果良好，而且华为总体的管理思路、项目运营方法与军队作战有着异曲同工之处，所以，他在华为内部的管理上，引入了"战略预备队"的概念，进行组织、结构、人才等方面的变革，通过变化使新模式发展起来。

2. 华为"战略预备队"的运作

对华为而言，"战略预备队"聚焦公司未来新的结构和运作方式，主要目的是进行结构改革。建立这样一个"战略预备队"，是因为任正非感觉华为创立距今 30 年了，"三十年河东、三十年河西，我们三十年大限快到了"。时代在改变，互联网的渗透加上全球市场份额的变化，促使华为制定了组织结构变革的目标：从以管理为中心向以项目为中心转变。

要完成这一转变，必须拥有具备更多综合才能、更多作战经验的"将军"和"士兵"。只有这样，华为才能在这些小型、局部、直接面对市场的战役中获得胜利。而华为此前的战略是"以管理为中心"，大兵团作战，每个人都是"螺丝钉"。

"将军"和"士兵"从哪里来？直接招聘的大学生、社会招聘人员都难以胜任，因为他们面临一个崭新的业务局面。任正非设立"战略预备队"，主要是为了配合华为向"以项目为中心"的战略转型。

正因为这是一次战略转型，所以如何组建"战略预备队"是大家关注的重点。从级别来看，"战略预备队"成员的级别在华为无疑是极高的，"战略预备队"指导委员会指导员由任正非亲自担任，3 个轮值 CEO 做委员。

"战略预备队"不仅包括市场体系，也包括研发、财经、管理、供应链等体系。任正非称，华为要加大能力的转换，把优秀的干部组织输送出来，面向未来，训战结合，培养适应作战方法的能力，再把他们送到一线。

大量干部被不断地输送到前方有两个好处：第一，让前方的干部有危机感，因为随时有人可能替代他，他就会更努力干；第二，为"新鲜血液"提供提升的机会，能加强组织内人员的流动，帮助华为选拔更多有一线成功实践经验的人和有综合能力的人。

任正非表示："公司这个集体是没有生命的，但它是由有生命的人组成的，华为的血液不断更新，这就延缓了我们公司垮台的过程。'战略预备队'就是加速血液循环流动的组织。"

"战略预备队"的人员主要来自以下几个途径：第一，从每年绩效排名前25%的优秀人员中选拔人员进入"战略预备队"；第二，将在出现系统性风险（重大战乱、自然灾害等）的海外国家或区域工作的人员转到"战略预备队"里；第三，结构性业务改革中，要裁撤一些产品开发组织，将原来组织中的那些人纳入"战略预备队"，重新找机会和方向。

对华为而言，这些举措就是为了实现以下战略构想。

一是为主航道培养有战略洞察能力、战役管控能力、战斗意志和自我牺牲精神的职员、专家、主管。

华为通过"战略预备队"的赋能训战，实现员工的能力转换，提升战略目标建构能力，为公司大结构转型培养各级专家、职员、主管；通过内部组织结构的合理化和"战略预备队"的赋能，完成公司大结构转型，充分激活个人的能量，让公司不仅能活下去，还能长久地活下去。

二是出现爆炸性机会点时，要快速调整行政组织，通过"战略预备队"快速培养人才，争夺战略机会窗。

如果出现战略机会窗，"战略预备队""铁三角"就要快速补进去。如果有些地区因战乱、自然灾害等因素使业务大规模收缩，则安排人员快速撤出。

三是挑选高潜力人员入队，从"散兵训练"走向"铁三角实战训练"。

华为的人员培训模式从针对个人的散兵训练逐渐转变为"铁三角"实战训练。"铁三角"不强调标准化，成员也不限于技术人员，还包括财务、供应链……特别优秀的"铁三角"，可以针对特定项目，先在预备队模拟作战，再被"空投"到同一个项目去参加实战。实战结束后，"战略预备队"给这些学员做出鉴定，写推荐信将特别优秀的学员推荐到相应岗位，学员能否胜任，需要按照贡献结果对其进行评估。

从该战略实施的这几年来看，华为公司人均贡献、投资回报率都有了大幅提升。更重要的是，这几年来，人员和组织的活力、战斗力都有了大幅提升，整个公司的组织气氛有了很大的改观。

干部继任计划

企业寻找、确定能胜任公司核心管理岗位的梯队人才，并有计划地实施加速培养战略，让他们能在适当的时间补充到关键岗位并满足业务需求，这是企业的一项战略级任务。华为的干部继任计划（Talent Succession Plan, TSP）从业务战略出发，基于组织、岗位、人才的需求，识别、发展能够胜任岗位要求并且有能力引领公司走向成功的领导者及继任梯队。

在没有继任计划之前，华为的干部选拔与任用中存在一些困难，举例如下。

● 岗位空缺后才匆忙地考虑选谁、任命谁，平时没想过要主动、有序地盘点人才；

- 主观上想关注干部队伍建设，但客观上缺乏系统的工具和方法；

- 岗位空缺时选人难，看不见部门内的高潜力人才，也看不见部门外的人才；

- 跨领域、跨部门的干部流动困难，难以突破部门壁垒，发展出一群"烟囱式"的干部[⊖]。

华为对继任计划工作提出以下要求。

（1）继任梯队干部在上岗之前就应准备完毕，包括明确岗位职责要求、能力要求、资格要求。华为对于岗位的要求都要形成文档，每两三年梳理并升级，随着梳理，岗位要求越来越清晰。将岗位要求公开后，所有人都可以在公司内网上查询，并去比对，看自己是否符合条件，对于欠缺的部分，自己会去补上。

（2）实践经验是对继任梯队干部的必要要求。候选的继任梯队干部至少要有一个成功的项目实践经验，才可以被选为继任梯队干部；没有成功实践经验的候选人，公司会将他们放到岗位上去锻炼，取得成功实践经验后再提拔。无论实践经验成功与否，都要评级认证。

（3）严格控制专职的副职岗位，副职岗位不能用来锻炼继任人选。继任梯队干部更多的是在这个部门的业务中"啃"难点，并且通过"啃"难点，熟悉责任和工作，这样，上任后才能正确地指挥方向。

（4）有计划地培养多梯队、多梯次人才，几个梯队朝着同一个方向冲锋；

⊖ 指在单一岗位工作且被直线式提拔的干部，华为认为这类干部视野和思维相对较窄，不利于对业务进行全局管理。

建立多梯队、多梯次的人才管道，让梯队的每一层都有继任者和实战者。当一个梯队冲不上去时，换另一个梯队继续冲锋，同时将人才管道延长、拓宽。人才要有可替代性，避免出现人才稀缺的状况。

（5）除了领军作战的人才要成长，基层人才也要被盘活。继任计划要做层与层之间的能量转换，拉通人才交换途径，包括跨职能、跨部门的人员。跟随公司浴血奋斗过的人员，只要踏踏实实、认真负责，就可以去战略预备队参加专业培训，考试合格便可以去新岗位，考试不合格也可以回原岗位。

业务战略是继任计划开展的前提。华为每年会对业务战略进行更新，并根据业务战略需求构建和调整人才梯队。梯队盘点必须基于业务战略，盘点后，设置干部继任方案，按照继任准备情况将候选人分为以下 3 个等级。

● 聚焦精准（Ready-Now）：可以马上上岗的；

● 聚焦发展（One-job-away）：经过半年锻炼可以上岗的；

● 看重潜质（Two-job-away）：需通过 1 年甚至更长的时间去培养和历练。

为了确保继任者不局限于本部门，候选人名单需考虑 3 个类别，分别是：本部门干部、其他部门干部、其他区域干部。干部继任计划信息是保密的，避免让相关干部产生不必要的期望。

华为干部继任计划是"站在后天看明天"。随着业务的发展，在继任者计划中，岗位职责的设定与对人才能力的要求都要从未来 2～3 年发展的角度进行考量，否则培养的人才永远达不到岗位的要求。

干部 90 天转身机制

拉姆·查兰（Ram Charan）在《领导梯队》（*The Leadership Pipeline*）一书中提出：一个人在职业生涯的发展过程中，从最初独立贡献者到成为整个组织的最高层领导者、首席执行官这个过程中会进行 7 次转身。每一次职位调整、转换都是一次重大的变化，在每一次变化中，干部的工作观念、技术要求和时间应用都需要有不同程度的调整。

当干部被任命到一个岗位后，他们首先面临的是角色的调整和对岗位职责的认知。华为干部的成长路径较多呈现"之"字形发展路线（**跨部门或跨业务的岗位轮换），很多时候，干部面对的是不同的管理场景和业务模式，**新干部上岗的 90 天转身机制是解决这些问题的有效手段。

为了帮助新干部顺利度过令人忐忑不安的过渡期，华为设计了让管理者适应岗位变化的赋能活动，总结起来就是"管理转身"。管理转身的关键在于最开始的 90 天，华为要在 90 天内帮助新任干部系统地理解管理的逻辑，整体把握管理角色，理解业务和组织管理，分析问题，梳理思路，探讨方法，演练工具，帮助中层干部缩短成长周期，减少管理失误，提高管理效率，以适应市场竞争形势，让企业快速发展。

俗话说"新官上任三把火"，华为在这 90 天里也给新干部"烧"了三把火：一是角色认知，二是转身教练，三是任前管理。特别之处在于，华为"烧"的这三把火是经过规划和设计的，第一把火是让新干部知道自己该干什么，第二把火是让新干部明白自己能干什么，第三把火则是对新干部的工作结果进行审视。

1. 角色认知

这是华为新干部必修的培训项目。从基层的项目主管，到更高级别的国家业务领导者，都被通知在 90 天里完成这个学习项目。这个项目会帮助新干部分析在新的管理岗位上要承担哪些关键角色（Who are you），为了扮演好这些关键角色，新干部应该展现哪些关键行为（How to do），以及为了支持这些行为，要发展哪些方面的能力（Where you go）。这个项目为期 3 个月，包括短期的封闭研讨学习和大量的实践要求。

2. 转身教练

上任 90 天内，除了导师，华为的每一位新干部还会被分配到一位转身教练，后者会帮助新干部分析从哪里了解新的环境，如何识别该岗位涉及的、需要联络的人员并帮助新干部与其建立协作性互动关系；帮助新干部规划 90 天转身期内与上司的 5 次关键谈话，并提供谈话清单；更重要的是，转身教练会与新干部一起，找出那个能够帮助他在新岗位上最快达成绩效结果的 Quick Win 目标[○]，帮助新干部实现这个目标，并让他与团队成员建立信任关系；同时，教练帮助新干部排除内心的障碍以及外部的干扰，确保新干部转身成功。

3. 任前管理

90 天之后，新干部要带着成果参加一个叫作任前审视或转正答辩的会议。会上，新干部要用 60 分钟的时间与包括人力资源专家在内的管理团队成

───────────
○ Quick Win 目标指的是速赢目标，即可以在较短时间看到结果的目标。

员进行互动，分享自己在过去的 90 天里做了什么，产生了哪些改变，创造了什么价值，以及未来的业务策略是怎样的。这是一次比选拔会议还需小心谨慎的会议，只有那些能笑着走出会议室的新干部才能获得继续与新同事共事的机会。成功转身后的华为新干部根据新岗位的级别进入为期 6 ～ 9 个月的人岗匹配考察期。

在这里，我举一个典型的案例。

越南语专业的高圆媛，2005 年以应届毕业生身份加入华为，在完成大队集训、岗前培训和业务实习等流程后，被派往越南代表处任客户经理。当时，一个重大项目要进行谈判，为了确保谈判成功，代表处全体出动，连她这个新兵也不例外。为了改变自己专业不熟、业务不精的状况，她恶补专业知识，经过 300 多小时的自学后，她终于赶上了"大部队"。随着该项目的顺利交付，她也面临着新的选择。

华为马来西亚代表处为了完善行政平台、提升员工的服务水平，需要一名专职行政主管。华为亚太区行政主管找到她，询问她是否愿意换职位。经过权衡，她办理了工作交接，前往马来西亚。

从客户经理到行政主管的转型并没有难倒她。在导师的帮助下，她对公司内部各个部门进行走访、交流，同时对外部资源进行考察，在熟悉了各项业务流程后，她还与导师一起对原有的行政服务进行了优化。

2009 年，在与部门同事的共同努力下，马来西亚代表处的行政服务又上了一个台阶，行政服务满意度居于华为南太地区部首位。

在从客户经理向行政主管的转变中，她在自己和部门的多方努力之下，实现了完美的过渡，成功完成了转身，并且在新岗位上做出了更加突出的成绩。这次转身不仅仅让华为马来西亚代表处收获了一名优秀的行政主管，也让她本人找到了更能发挥自身才能的工作。

华为为新干部设计的这个 90 天转身计划，让新干部能挖掘出自身潜能，打破职业天花板，也有效地支撑了华为的全球化扩张战略，实现了个人和企业的双赢。

干部流动

干部流动一直是华为干部管理的导向和重要举措，华为一个干部工作 3 年左右通常就要进行岗位调整，这是避免组织板结、激活组织的催化剂，是干部能力发展的必由之路，也是防止腐败、保持人员血性的有效机制。经过多个业务领域的历练，干部综合的管理素质、对业务及端到端流程的理解都会有所提高。

华为干部流动基于公司的文化导向。在招聘时，华为就明确规定不会将员工安排在大学所在地和父母所在地。"员工四海为家，全球可调动"是华为长期坚持的管理理念。对于中高层干部，公司总部会进行统一管理，这样能保证干部可以跨领域、跨体系调配。

每年华为都有大量的干部积极响应公司号召奔赴海外，践行着跨区域、跨体系流动。这些干部在循环流动中积累了成功的实践经验、拓宽了视野，并为自身赢得了更多成长与发展的机会，也让华为实现了干部常态化流动。

干部选拔中的管理要求，强化了华为公司干部流动的主基调。如没有海外工作经历的员工，将不能被提拔为身负全球管理责任的干部。华为近几年大力推行的"战略预备队"、干部循环赋能，进一步加大和促进了干部的循环流动。

干部流动故事

35岁，在奔跑中成长

作者：刘康

资料来源：《华为人》报 第314期（2015年12月15日）

2002年，那个通信行业的"冬天"，我研究生毕业后幸运地加入了华为上海研究所，从事分组核心网的研发工作。弹指十年，缜密持重的研发生活把我从通信行业的门外汉变成了行内人，令我受益良多。

看到身边一批批走向市场一线广阔空间的前辈、同事，每当与他们告别的时候，我心中就会悸动不已，内心充满了去直面客户、耕耘市场的渴望，但要真正做出"走出来"的决定时，却又陷入矛盾中，矛盾于父母白发、妻儿柔弱，纠结于前路茫茫、荣辱难料。

当35岁生日到来的时候，家人的鼓励和支持让我打开了心结，我决心勇敢地出去闯一闯。35岁一样可以是奔跑的"最好时间"。

走出去，感受颠覆性变化

相对于10年研发的"驾轻就熟"，解决方案销售对我来说是全新的岗位。从调到深圳分组核心网拓展部开始，我就发现这个新岗位充满了各种不确定性。与研发完全不同的工作语言让我觉得新鲜，第一次客户拜访、第一次峰会支持、第一次项目分析、第一次商务评审、第一次机会点规划……我被新岗位深深地吸引。在从事一个岗位 10 年之后，仍然有机会去感受颠覆性的变化，我更坚定自己"走出来"是正确的选择。

两年时间里，平均每年 25 周以上的出差，让我有机会拜访不同区域，拥有不同特质、不同企业文化的客户，参与不同场景中的各种项目。我最大的收获是学会了"转换视角"去聆听客户、理解客户。

做研发工作时，我更多地关注"如何具备最领先的竞争力"，做解决方案销售工作时，我关注的焦点是"客户需要的是什么"，更懂得要多理解他人。我深切地体会到工作岗位的转换可以改变一个人的思维模式、行为模式。

不知不觉间，我做全球解决方案销售工作两年了。到一线常驻后回首这段经历，它培养了我迅速融入一线新业务的能力。记得主管在送我外派时说"Enjoy the journey"（享受新征程），我心里有一个声音："I really enjoy the past two years"（我享受过去两年的时光）。

沉下来，跳出业务舒适区

2013 年 6 月，片联^一举行了第一次"人才交流会"，西非地区部选择了我，随后我被任命到华为尼日利亚代表处担任解决方案副代表。

〇 即片区联席会议，代表公司协调和监督权力以及干部管理的特派员机构，是全球区域战略制定的组织者和执行的监督者，也是区域平台建设与组织运营的管理者。——编者注

主管和我沟通的时候，我一开始有些失落，因为从个人的意愿来说更希望到一个移动宽带业务（MBB）发展迅速的市场发挥自己的业务长项。在又一次面临"走出去"的选择之际，我不禁陷入思考：我需要的是什么？是待在业务的舒适区吗？那为什么选择"走出去"？

既然希望享受奔跑的快乐，就要学会不断地站在新的起跑线上从头开始。在跨领域、跨区域的流动和发展中，还有什么比"信任""机会"更能让人毫无顾忌地施展拳脚呢？想通了这个"主要矛盾"，一切顾虑都烟消云散，和家人也顺利达成了共识。

在 2013 年年底的市场大会上，西非管理团队务实和真诚的交流让我与其迅速建立了亲和感，"被需要"的感受让我对新岗位跃跃欲试。对于这一点，我在融入西非管理团队这个大家庭之后，有了更深切的感受。

西非业务的复杂程度比我的预期要高得多，但是团队中彼此的信任将内部沟通成本降到最低，客户的信任让我们能够充分展示自己的能力。在每一天的工作中，我都能够体会到"客户的需要""战友的需要"。这是一个"让奋斗者更容易成功"的地方。

打硬仗，第一次承担盈亏

在尼日利亚的生活氛围是质朴的，就像大学时的感觉。人与人之间的心理距离很近，周末同事们经常会一起围炉而坐，组织各种聚餐和活动。

工作则是充满挑战的，我承担了两个系统部的工作，第一次"承担盈亏"，对直面客户界面压力、负责 BU 经营有了切身的体会。我首先感受到的是"改变做生意模式"的重要性。从战略制定到匹配客户，我们成为客户的问计者和战略合作伙伴，比如为了帮助 M 客户摆脱西非物流周期长、库存压力大的困境，我们设计了"交易体验提升项目"，用弹性物流和交易可视的方式，大幅改善客户交易体验，从而使这一项目成为 M 客户和我司之间的战略合作项目。

组织型客户关系的提升需要系统部精兵敏锐地识别客户的需求，高效组织项目运作，珍惜每一次客户信任我们的机会，交出超出客户期望的答卷。针对 M 客户连续两年进行的深度商业网络咨询（BNC），我们支撑客户从 RAN 到传输再到 IP 核心网全网架构重设、频谱规划、两网整合……慢慢地，客户开始在不同的场合说一句话："Huawei can do"（华为能做到）。

在过去的两年里，我们的团队携手实现了很多个第一次：第一次在 M 运营商实现微波从零到全部流量高地的突破、第一次在 M 运营商的 IP 核心网全网搬迁友商设备、第一次实现 FusionSphere[⊖]的突破、第一次实现 A 运营商的全网全产品代维……

一线的宝贵实践机会，让我成功地完成了精兵引领客户转型及增加土地肥力的实践；尝试了管理机制驱动"少将"愿意去当"班长"的方式；摸索了系统部剥离流程型工作提升流程效益的方法。系统部和解决方案行

⊖ 它是华为自主知识产权的云操作系统，集虚拟化平台与云管理特性于一身，让云计算平台建设和使用更加简捷，专门满足企业和运营商客户云计算的需求。——编者注

业线两个工作视角的对立统一，让我受益良多，所战、所思、所得是我在西非奔跑途中最大的收获。

10 年研发工作，让我跨进通信业务的大门，深入理解了公司的研发流程；两年全球解决方案销售工作，教会我对项目运作的灵活调动和对销售语言的理解；两年尼日利亚的工作经历，让我收获了"客户感觉"。当"攻下山头"时，我和大家一起欢呼，也在心中静静回味，不知不觉间已完成从"新兵"向"老兵"的蜕变。

有机会去奔跑是幸运的，在奔跑中成长是快乐的。移步必然换景，人生旅途中的风景是这样的美好，我愿尽己所能，不留遗憾。

干部监管

"千丈之堤，以蝼蚁之穴溃；百尺之室，以突隙之烟焚。"不论制度多么详尽、完善，在面对多变的现实情况时，仍会出现漏洞。对于一些原则性的错误，要防患于未然，因此，企业要加强干部防腐意识的培养，建立完善的自律机制，杜绝腐败现象。

华为的干部监管就是为预防及干预干部管理违规、品行作风不正等问题而采取的相关管理动作，目的是有效控制业务风险，确保公司的业务运作规范，业务有效增长；牵引干部自律，树立规范的职业操守和良好的品德作风；营造阳光的内部氛围，确保企业文化和价值观落地。

华为在干部监管方面的态度非常明确，强调坚定不移地反对腐败，对违法的员工、对顶风作案的行为严惩不贷，决不手软，对违法员工全球起诉，就地走司法程序。

近几年，华为以高调、强势的态度开展了企业的反腐工作。

2014 年 7 月，华为终端公司董事长、消费者业务 CEO 余承东以"不要掉队"为题，和员工细谈"如何自律、抵制诱惑、防腐败、反腐败"。同年 9 月，华为召开了首次企业业务经销商反腐大会，对已经查实的企业内部涉嫌腐败的 116 名员工进行通报，并将其中 4 名移交司法机关。在此次反腐行动中，有 69 家经销商涉嫌行贿。其中，华为员工主动索贿的经销商有 53 家，主动贿赂华为员工的经销商有 16 家。华为对经销商提出了实名举报的要求："凡存在华为员工（包括已离职的华为员工）收受好处费等类似问题，经销商主动实名举报的，不予追究民事责任；不主动举报的，一经发现，将追究其法律责任，其与华为的未来合作也将受到影响。"

此外，针对此次追回的 3.7 亿元资金，董事会决定将其作为奖金发放给那些遵守"华为员工商业行为准则"的员工。在这次反腐大会上，华为高层进一步强调："诚实劳动是对员工的基本要求，一切钻公司漏洞、借职务便利牟私利的行为都是公司不允许的，公司对内部腐败零容忍，坚决反对，高度一致，腐败没有灰度。要通过'查、处、管、教、法'使腐败行为'不敢、不想、不能'，让干部和员工健康成长。"

干部监管内容和责任部门

华为的干部监管主要分为两个部分——业务运作合规监管和价值观与品德作风监管，这两项监管的第一责任人都是上级业务主管（见表 6-5）。

业务运作合规监管又分为业务权力、财务权力和人员管理权力的监管，监管机构为各对应流程的负责人，同时由法务和审计部门进行内控。

价值观与品德作风监管是华为干部管理的红线之一，由党委及党委下属的道德遵从委员会进行监管，同时由法务和审计部门进行内控，以华为企业文化、"华为员工商业行为准则""干部八条""二十一条军规"等作为行为规范的依据。

干部监管以事前告知和事中监管为核心，目的是降低干部犯错后组织面临的风险。图6-4给出了干部监管全景图。

表6-5　干部监管内容

监管内容		行为规范依据	监管第一责任人	监管机构	内控机构
业务运作合规监管	业务权力	相关业务管理制度和流程	上级业务主管	各业务流程负责人	● 审计部 ● 法务部
	财务权力	财务授权规则		财务流程负责人	
	人员管理权力	人力资源管理制度		人力资源流程负责人	
价值观与品德作风监管		● 华为企业文化 ● 华为员工商业行为准则 ● 干部八条 ● 二十一条军规 ……		党委道德遵从委员会	

针对不同生命周期的干部，通过组织相关的课题学习、每年安排干部自律宣誓仪式、持续的自检自查和各项必要的审计、违规事件的查处和案例宣传等进行干部全流程监管。

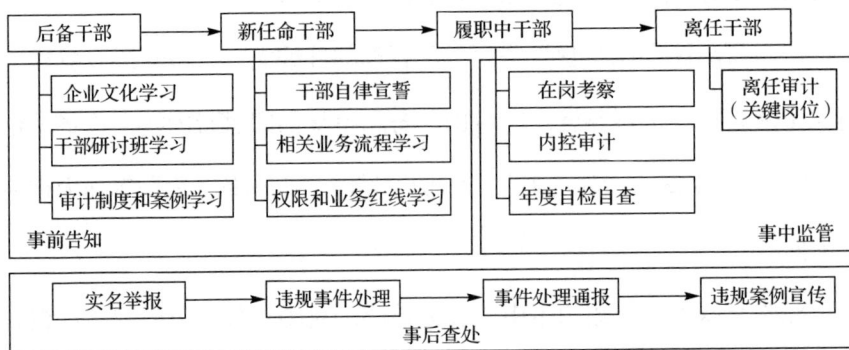

图 6-4　华为干部监管全景图

华为认为，自律是最低成本的管理，干部首先应该自律，同时还要敢于接受群众监督，形成他律的管理氛围。自律与他律手段相结合，能营造正向、积极的组织风气，也提供了流程不完备时的"自愈"机制。

在干部监管调查和审批流程中，调查权、违规处理方案建议、违规处理方案审批也由不同主体执行：事实认定由公司指定的工作组负责出具调查报告；流程负责人、道德遵从委员会出具违规处理方案建议；违规处理方案依据干部层级由对应决策机构评议审批。

干部弹劾的原则

作为一家成立超过 30 年的电信设备制造商，在与很多国际巨头竞争、合作的过程中，华为自身也走过弯路、犯过错误，所以，华为允许员工犯错，只要能认识并改正错误，犯错也是一个很好的自我完善过程。但是，华为强调对成长的包容并不包括包容员工道德品质上的缺陷，也不包括包容不认同华为核心价值观的员工，华为对原则性错误零容忍。

华为在干部管理体系的各个方面都讲究原则性。在干部选拔过程中，品德和价值观是干部的资格底线，对品德有瑕疵、作风不良的干部，需一票否决；在干部任职过程中，干部首先要对流程承担责任，签了字出了事要承担责任；对内控作假及内控不作为的管理者，直接弹劾；如有违法问题，只要发现 30% 左右的证据，就建议引入司法程序处理。

弹劾重在威慑、教育和帮助干部。对于弹劾干部，华为的原则如下。

- 干部被否决后半年内不能再被任命，半年后改正错误可以再启动任命流程。要更严格地要求高层干部。

- 中基层干部被否决后，要给他们更多的改正机会。

- 干部否决重过程，要给被否决的人解释、倾诉的机会，这个过程就是教育人的过程。

- 对于冲锋打仗、绩效优秀的干部，发现问题要及时指出、帮助他们改正错误；如果他们认识到了问题、改进了工作，便可以被提拔任用。

- 对惰怠的干部，对不作为、不服从公司安排的干部，对仍在犯提醒过的错误的人、不深刻认识问题的人，要果断处理。

干部自律管理

早在 2005 年，华为高层就警觉到公司最大的风险来自内部，因此必须保持干部队伍的廉洁自律；2005 年 12 月，华为召开了 EMT 民主生活会，成员认识到：作为公司的领导核心，正人须先正己，以身作则。会上通过了《EMT 自律宣言》，要求在此后两年内完成 EMT 成员、中高层干部的关联供应商申报与关系清理工作，并通过制度化及宣誓的方式层层覆盖所有干部，要求干部接受全体员工的监督。

2007 年 9 月 29 日，华为举行了首次《EMT 自律宣言》宣誓大会，时任 EMT 轮值主席郭平首先做了题为《决不让堡垒从内部攻破》的报告。他指出："创业容易守业难，堡垒最容易从内部攻破，我们要时刻保持清醒，强化干部自我监管和组织监管机制的建设，保持干部队伍的廉洁和奋斗精神，只有这样，公司才有可能长久活下去。"然后，面对与会的 200 余名中高级干部，任正非等 9 位 EMT 成员集体举起右手，进行了庄严的宣誓。

随后，华为研发体系、战略与市场营销体系、用服体系、运作与交付体系、人力资源、党委、华为大学、董事会秘书处、财经体系、基建、内部服务、慧通、法务体系、企业发展部的一级部门负责人也分别举行了"干部自律宣言宣誓大会"。

在华为内部，干部自律管理正式制度化并延续至今。从最高管理团队开始，覆盖公司所有部门大部分领导干部（包括海外区域和代表处外籍员工）的自律宣言宣誓，表明了高层领导者从自身做起，严格自律，众志成城，把所有力量聚焦在业务发展上的决心。

从 2012 年开始，"《EMT 自律宣言》宣誓"变为"《董事会监事会自律宣言》宣誓"。

2013 年 1 月，华为召开"董事会自律宣言宣誓大会"，董事会全体成员共同宣誓："我们必须廉洁正气、奋发图强、励精图治，带领公司冲过未来征程上的暗礁险滩。我们绝不允许'上梁不正下梁歪'，绝不允许'堡垒从内部攻破'。"

对于华为的宣誓大会，也有人提出了质疑，认为这是作秀，是形式主义。对华为管理层而言，这就是一种庄严的"作秀"，公司的高管们面对下属宣誓，是将自己心底无私、坦荡和充满正能量的心声"秀"出来，接受员工的监督，并且坚持 10 多年，这样的"作秀"是有一定价值的。至于形式主义，更准确地说，这是一种形式，是一种仪式化的形式，它展现华为管理者的内心表达与期望。这将有助于强化与升华内容，将内容以好的形式展现出来。

华为在干部监管方面不提"假大空、高大上"的口号，从发布的作为各部门宣誓词的《华为公司改进作风八条要求》中可以看到，简短的 8 条要求，每条都有对具体行为的描述，哪些可以做哪些不可以做，一目了然。管理有时不需要讲大道理，简单明了才能落地。

对于自律宣言的价值，任正非做了高度概括。

制度不可能完善到无懈可击，流程只有与认真遵守的人相配合，才会取得较大的价值。

自律永远是低成本的管理，各级干部应把'干部八条'作为座右铭，使我们的流程管理更加简洁、及时、准确。促进自律，完善他律，形成一个良好的内部场。道德遵从委员会中的每个人都要带头遵守'干部八条'，以点带面，让大大小小的'火车头'带领 20 多万员工的'火车'跑起来，让公司充满活力和竞争力。

华为公司改进工作作风的八条要求（2019 年版）

1. 我绝不搞迎来送往，不给上级送礼，不当面赞扬上级，把精力放在为客户服务上。

2. 我绝不动用公司资源，也不能占用工作时间，为上级或其家属办私事。遇非办不可的特殊情况，应申报并由受益人支付相关费用。

3. 我绝不说假话，不捂盖子，不评价不了解的情况，不传播不实之词，有意见直接与当事人沟通或报告上级，更不能侵犯他人隐私。

4. 我们认真阅读文件、理解指令。主管的责任是胜利，不是简单的服从。主管尽职尽责的标准是通过激发部属的积极性、主动性、创造性去获取胜利。

5. 我们反对官僚主义，反对不作为，反对发牢骚讲怪话。对矛盾不回避，对困难不躲闪，积极探索，努力作为，勇于担当。

6. 我们反对文山会海，反对繁文缛节。学会复杂问题简单化，六百字以内说清一个重大问题。

7. 我绝不偷窃，绝不私费公报，绝不贪污受贿，绝不造假，我们也绝不允许我们当中任何人这样做，要爱护自身人格。

8.我们绝不允许跟人、站队的不良行为在华为形成风气。个人应通过努力工作、创造价值去争取机会。

华为干部二十一条军规

1. 商业模式永远在变，唯一不变的是以真心换真金。

2. 如果你的声音没人重视，那是因为你离客户不够近。

3. 只要作战需要，造炮弹的也可以成为一个好炮手。

4. 永远不要低估比你努力的人，因为你很快就需要追赶他（她）了。

5. 胶片文化让你浮在半空，深入现场才是脚踏实地。

6. 那个反对你的声音可能说出了成败的关键。

7. 如果你觉得主管错了，请告诉他（她）。

8. 讨好领导的最好方式，就是把工作做好。

9. 逢迎上级 1 小时，不如服务客户 1 分钟。

10. 如果你想跟人站队，请站在客户那队。

11. 忙着站队的结果只能是掉队。

12. 不要因为小圈子，而失去了大家庭！

13. 简单粗暴就像一堵无形的墙把你和他人隔开，你永远看不到墙那边的真实情况。

14. 大喊大叫的人只适合当拉拉队，真正有本事的人都在场上呢。

15. 最简单的是讲真话，最难的也是。

16. 你越试图掩盖问题，就越暴露你是问题。

17. 造假比诚实更辛苦，你永远需要用新的造假来掩盖上一个造假。

18. 公司机密跟你的灵魂永远是打包出卖的。

19. 从事第二职业的，请加倍努力，因为它将很快成为你唯一的职业。

20. 在大数据时代，任何以权谋私、贪污腐败都会留下痕迹。

21. 所有想要一夜暴富的人，最终都一贫如洗。

华为大事记

1987 年

9 月 15 日，在深圳湾畔两间简陋的房子里，43 岁的任正非与朋友共同出资 21 000 元创立了一家名为"华为"的公司。几位创始人注册公司时，看到墙上"中华有为"的标语，故将公司取名为"华为"。

成立伊始的华为是生产用户交换机（PBX）的香港鸿年公司的销售代理。

1988 年

郭平（现华为三大轮值董事长之一）加入华为。

1989 年

华为尝试产品研发，研发的是 BH01 用户交换机。说是研发，实际上只是购买散装的零件进行组装。但通过这个过程，华为的产品管理和资金运作能力得到提升。

清华大学的博士郑宝用加入华为，先后负责了华为几代程控交换机的设计与开发工作，为华为的发展立下了汗马功劳。

1990 年

由于华为代理鸿年的产品销量火爆，所以厂家停止供货。华为开始自主研发面向酒店与小企业的用户交换机技术并进行商用。

因外部融资困难，华为开始尝试员工持股计划。

因开发人员需要经常加班，华为"床垫文化"⊖开始形成。

胡厚崑（现华为三大轮值董事长之一）加入华为。

1991 年

12 月，华为第一款自主研发的产品"BH03 交换机"诞生。首批 3 台价值数十万元的交换机成功出货，全部通过了邮电部的验收。那时的华为处在破产的边缘，预付款及账上的资金几乎全部耗尽。

"技术天才"郑宝用组织推出 BH03 的升级产品 HJD48，把原来只能带动 4 个用户的 BH03 变成了可以带动 8 个用户的 HJD48。相似的产品，同样的功能，体积变小，容量提升，产品的成本还大幅降低。该产品一经投入市场，受到很多单位用户的好评。25 岁的郑宝用也成为公司第一位总工程师。

1991 年 12 月 31 日，华为全体员工在破旧的工厂中开了一个简单的自助

⊖ 几乎所有华为人都有一张床垫，放在办公桌下面。午休时，席地而卧；晚上加班晚了不回宿舍，就靠这一张床垫，累了睡，醒了爬起来再干。后来，外界用床垫文化来形容华为艰苦奋斗的精神。

餐庆祝会，带着劫后余生般的心情，庆祝华为在研发自主知识产品和建设品牌道路上迈出了第一步。

1992 年

华为开始研发并推出局用数字交换解决方案 JK1000——一款 1000 门的空分交换机。然而，此次研发的新产品却是华为在技术选择上的一个重大失误。

当时中国的固定电话普及率仅为 1.1%，而同期发达国家的固定电话普及率已经达到 92%。华为认为，中国通信行业的模拟交换机还有发展前景，但事实上，当华为第一部局用交换机出现的时候，模拟交换机技术已经走到了末路。这款耗费华为巨量资源的交换机最终仅推销出 200 多台，并且由于这款产品技术相对落后，稳定性也不够，导致多起或大或小的通信事故。

由于 JK1000 问题众多，硬件性能很难与竞争对手相抗衡，华为又发挥了早期做销售的精神——硬件不行，服务来凑。当时甚至还成立了"装机小分队"，不论是偏僻的乡下，还是遥远的县城，只要各地电信局有需求，华为就立刻上门，免费提供软件升级及使用人员培训服务。

正因为华为在服务方面的改进，华为给各地的电信局留下了非常好的印象，在后来的发展中，服务成为华为的一面金字招牌，成为一个加分项。

JK1000 的失败并没有把华为从自主开发的道路上吓退，反而促使华为将公司剩余的资金和人员投入由李一男负责的数字程控交换机 C&C08 的研发中。

孙亚芳（于 1999 年—2018 年任华为董事长）加入华为。

华为销售额达到 1 亿元。

1993 年

1993 年年初，华为在数字程控交换机的研发上遇到了一些挫折，迟迟不能验收。华为面临巨大的压力，项目人员就带着还没有测试完成的 2000 门数字程控交换机 C&C08 2000 搬到浙江义乌开始了实战。呼损率大、断线、死机、经常打不通电话成了常见问题。

郑宝用亲自指挥团队调试、修改，任正非多次前往义乌与工程师们同吃同睡、加班熬夜。2 个月后，C&C08 2000 终于在义乌调试完成。

这款产品也成为华为真正的平台级产品。传输、移动、智能网、数据通信等产品都是在这个平台上发展起来的。

9 月，C&C08 万门机研发成功。

华为开始引入 ISO 9000 管理体系对公司进行管理。

同年，在得到广东省和深圳市政府的支持后，华为与全国 21 个省会城市的邮电系统联合发起成立了合资公司——莫贝克公司。

华为年销售额达到 4 亿元。

徐直军（现华为三大轮值董事长之一）加入华为。

1994 年

为了解决销售人员奖金分配问题，华为在销售部下成立考评办公室，这是华为人力资源管理的萌芽。

当时，一些能力强、素质高的销售人员被安排到战略市场，这些市场往往处于大城市，要创造销售业绩需要很长时间的运作，而偏远地区对通信产品有巨大的需求，所以销售人员在偏远地区能产生很好的业绩。如果按照原来以提成算奖金的方式计算，会导致没有人愿意去战略市场，因为在那里他们短期内根本拿不到奖金，但如果进不了战略市场，华为将无法占领市场的制高点，就永远是三流公司。

针对这种局面，华为请中国人民大学的彭剑锋、包政、吴春波3位教授给华为制定销售人员的绩效考核制度。

最早的考核等级有S、A、B、C、D 5个等级，每个等级按比例分配，等级评定一个月一次。但是半年以后，这一制度就难以继续下去了，因为这样的考核太严苛，会损害员工的积极性。

所以，华为逐步演变，将月度考评改成季度考评，将5个等级变成4个等级，逐步改良考核制度，在工作中进行改进。

从S、A、B、C、D 5个等级开始的销售人员考核制度，是华为人力资源绩效管理的起步。

1994年，华为C&C08万门机在江苏邳州顺利开局并进行最后验收的时候，任正非从深圳赶到现场。晚上他在工程师们的住处跟大家聊天，聊到兴起之处，他激昂地说："10年后，华为要和美国电话电报公司（AT&T）、阿尔卡特三足鼎立，这个'天下'，华为要1/3。"

华为年销售额达到8亿元。

1995 年

1995 年，华为以 C&C08 万门机为"武器"，开始进入程控交换机"主战场"，不过当时的领军企业上海贝尔有限公司在华东、华南等一些经济发达地区的布局早已完成，华为很难与其正面抗衡。

任正非的市场策略是"到农村去，广阔天地大有作为"。华为继续采用了低价和"农村包围城市"的战略，逐步切入东北、西北、西南，迅速占领巨头们忽视的农村市场。

也就是在这一年，在"巨大中华"（巨龙、大唐、中兴、华为）的带领下，中国通信行业异军突起，华为一举占领了中国通信设备市场的"半壁江山"，终结了中国通信行业"七国八制"[⊖]的时代。

9 月，华为公司发起了"华为兴亡，我的责任"的企业文化大讨论，同时还制定了《华为人行为准则（暂行稿）》，共 14 条。这是华为第一次在公司管理中引入企业文化这一概念。对于 20 世纪 90 年代中期的国内企业，特别是民营企业而言，这一概念还是比较陌生的。

在华为企业文化大讨论和行为准则的制定过程中，《华为基本法》这一华为管理的纲领性文件开始萌芽。

华为年销售额达到 15 亿元，大部分收入来自农村。

⊖ 当时中国通信市场上共有 8 种制式机型，分别来自 7 个国家。——编者注

1996 年

这一年发生了很多对后来华为的发展产生重大影响的事件。

第一，市场部集体大辞职。孙亚芳带领市场部的 26 个办事处主任同时向公司递交了两份报告：一份辞职报告，一份述职报告，他们建议由公司视组织改革后的人力需要具体决定接受每位递交报告者的哪一份报告。在竞聘考核中，大约 30% 的干部被替换下来。就地下岗、择优录用，通过这些手段，华为由此开启了大规模人力资源体系的建设。

当然，市场部大辞职是有独特背景的，1994 年华为推出了 C&C08 万门机，这一产品在 1995 年获得了 15 亿元的销售收入，当时华为有 1750 名员工，其中 1/3 是销售人员。但业务的迅猛发展使华为各个销售代表处有了"诸侯割据"的苗头，对企业管理而言，这是非常不利的，所以当时负责市场工作的孙亚芳做出了市场部集体大辞职的决定，对固化的干部队伍进行大整顿。

"烧不死的鸟是凤凰"的观念在华为内部被接受。

第二，《华为基本法》正式开始起草讨论。

从 1996 年年初开始，华为技术有限公司开展了《华为基本法》的起草工作。1996 年 12 月 26 日，《华为基本法》第四讨论稿被刊登在了当日出版的第 45 期《华为人》报上。任正非要求所有干部职工将其带回去读给家人听，回到公司后提出自己的意见和建议。

第三，1996 年，孙亚芳建立了华为市场营销体系，几乎每一个进入华为的大学毕业生在经过训练之后，都能在市场一线发挥重要作用。自此，每个华为员工都成了不屈不挠的"进攻者"，孙亚芳一手为华为锻造出一批又一批的营销铁军。

第四，市场部集体大辞职之后，华为开始搞职能优化，旨在提高总部的专业化管理能力。那时，华为开始抓人力资源建设，抓财务建设，抓战略管理。任正非当时提出前后端一体化。

第五，华为公司各业务部门设立了干部部或干部处。

华为年销售额达到 26 亿元。

1997 年

1997 年年初，《华为基本法》征求意见稿发表，任正非指出："学习、讨论基本法已经开启了员工思维的大门。学不好基本法，就没有做干部的资格……"

任正非要求员工放假期间每人拿一份回家，一字一句地仔细阅读，并且要读给家人听，还要让他们都能听懂，因为作为华为的纲领性文件，《华为基本法》必须是人人能看懂、能听懂的，这样才能执行和落地，如果是高深莫测的，那注定只会成为空谈。

华为开始谋划人力资源开发与管理系统的规范化变革。在美国合益咨询公司的帮助下，华为逐步建立并完善了职位体系、薪酬体系、任职资格体系、绩效管理体系以及各职位系列的能力素质模型。

IBM、韬睿咨询公司、美国合益咨询公司、普华永道和德国国家应用研究院成为华为在流程变革、员工股权计划、人力资源管理、财务管理和质量控制方面的顾问。华为在管理咨询上投入了巨额的学费，这也奠定了华为管理的坚实基础。

1997 年年底，任正非带领华为管理团队访问美国，学习美国公司先进的管理理念和经验。

华为年销售额达到 41 亿元。

1998 年

任正非发表《我们向美国人民学习什么》一文，总结他在 1997 年圣诞期间访问美国高科技企业的心得体会，提出要向美国人民学习创新机制和创新精神。

1998 年 3 月，《华为基本法》第一版定稿（实际上是起草过程中的第九稿）推出并实施。《华为基本法》总结、提升了公司成功的管理经验，确定华为二次创业的观念、战略、方针和基本政策，构筑了公司未来发展的宏伟架构。以《华为基本法》为里程碑，华为继续吸收了包括 IBM 等公司在内的管理工具，形成了均衡管理的思想，实现了公司的蜕变，成为中国最优秀的国际化企业之一。

《华为基本法》实际上是用统一的语言对任正非的思维做的一次梳理，是中国企业首个完整、系统地对其价值观的总结，对中国的企业文化建设起到了很大的推动作用。

《华为基本法》的文本本身固然重要，但制定基本法的 3 年里，华为内部对于基本法的大讨论更是举足轻重，在这个过程中，基本法的内容已经深入华为人的骨子里，这才是《华为基本法》出台的真正意义。

所以，在第一版正式推出后，任正非说："基本法的使命已经完成了，可以锁在抽屉里了，过程比结构重要；在讨论、修改的过程中，基本法的思路已经融入所有高管的思想里了。"

华为设立董事长职位，孙亚芳成为第一任董事长。

华为第一个 GSM 实验局在内蒙古杭锦旗成功开局，这标志着华为正式进入移动通信领域。

1998 年，华为与 IBM 公司合作启动了"IT 策略与规划"（IT S&P）项目，以此为基础，规划了华为未来 3 ～ 5 年需要开展的业务变革和 IT 项目，其中包括集成产品研发（IPD）、集成供应链（ISC）、IT 系统重整、财务四统一等 8 个项目。IPD 和 ISC 是其中的重点。

华为成立了集成电路设计中心（海思公司前身），开始自行研发通信芯片，满足自身通信网络建设的需求。

华为年销售额达到 89 亿元。

1999 年

在印度班加罗尔设立研发中心。这是华为国际化的一个标志，该研发中心分别于 2001 年和 2003 年获得 CMM4 级认证、CMM5 级认证。

华为第一个大规模 GSM 商用项目在福建开局，同一时期，中国移动全国智能网项目落地。这两个项目标志着华为的 GSM 和智能网产品在国内大规模应用的展开。

华为开始逐步推行员工内部创业，但由于种种原因，内部创业后来的发展与华为的初衷并不相符，渐行渐远，并没有起到促进华为发展的作用。

1999 年年初，由 IBM 作为咨询方设计的 IPD 变革在华为正式启动。刚开始，由于 IPD 涉及面很广，华为的规模大、产品线宽、系统复杂、技术含量高，IPD 在华为实施起来十分困难。但是任正非坚持推行，并将推行 IPD 上升到华为的生存层面："IPD 关系到公司未来的生存和发展。各级组织、各级部门都要充分认识到其重要性，'削足适履'来穿好'美国鞋'的痛苦，换来的是系统顺畅运行的喜悦。"

同年，华为与 IBM 联合开展了 ISC 项目。ISC 管理的原则是通过对供应链中的信息流、物流和资金流进行设计、规划与控制，保证实现供应链的两个关键目标：提高客户满意度和降低供应链总成本。ISC 不仅是一种物质的供应链，还是集财务、信息和管理模式于一体的供应链，任正非曾经说："集成供应链解决了，公司的管理问题基本上就全部解决了。"

华为年销售额达到 120 亿元。

2000 年

华为在瑞典首都斯德哥尔摩设立研发中心。

华为销售额超过 220 亿元，海外市场销售额首次达到 1 亿美元，利润达到 29 亿元，位居全国电子百强第一位。

2000 年是华为业务大发展的一年。这一年任正非《华为的冬天》一文横空出世，在文章中，任正非没有提到任何华为的成就，反而大谈危机和失败，追问华为该如何"过冬"。

华为年销售额达到 220 亿元，其中海外销售额首次达到 1 亿元。

2001 年

华为以 7.5 亿美元的价格将非核心子公司安圣电气卖给美国艾默生公司，使华为有足够的资金度过所谓的"冬天"。

华为在美国设立了 4 个研发中心。

华为加入了国际电信联盟（ITU）。

2001 年年初，任正非母亲因车祸去世。2 月，任正非写下感人肺腑的文章——《我的父亲母亲》。3 月，他踏上了日本的土地，去探寻公司发展的路径，也在寻找自己走出至暗时刻的路径。回国后，任正非写下了《北国之春》一文。

2001 年年底，受到网络经济泡沫的影响，华为迎来发展历史上第一个"冬天"，此时华为在进行名为"虚拟受限股"的期权改革。虚拟股的实施维护了华为公司管理层对企业的控制能力。

华为年销售额达到 225 亿元。

2002 年

这一年，华为海外市场业绩出现了一次"小井喷"，销售额达 5.52 亿美元。但这一年华为总体营业收入比 2001 年略有下降，这是华为成立以来营业收入第一次下降，也是华为迄今为止唯一的一次下降。对全员持股的华为来说，负增长带来的影响极其巨大，华为员工第一次意识到自己投入公司的钱可能血本无归，这使员工人心惶惶。有的员工要求退股，有的员工要求离职，并且要求公司兑现股权，甚至还有人要求股权重组。

当年华为的业绩目标是 330 亿元，实际完成了 220 亿元，还有 1/3 没完成。此前的 2001 年，华为还进行了著名的"万人大招聘"，逆势扩张。业绩没完成，但预算是增长了的。这一年的华为可谓内外交困。

2003 年

3 月，华为与 3Com 合作成立合资公司，专注于企业数据网络解决方案的研究。

华为 3G 的第一个商用局在阿联酋开局完成。

处于内外交困中的华为准备以 100 亿美元的价格将企业卖给摩托罗拉，双方经过长时间的沟通，已经初步达成协议，但由于摩托罗拉公司本身的业绩以及市场大环境的影响，这次交易最终被摩托罗拉董事会否决。这一几乎改变通信行业及中国科技行业的历史性事件就这样尘埃落定。

这一年，任正非《在理性与平实中存活》一文问世，这篇文章的社会影响度可能不如《华为的冬天》，但对华为的组织发展和业务发展来说，它是一篇承前启后、继往开来的重要作品。

2003 年春节后，以任正非和孙亚芳为首的华为总监级以上干部（共计 454 人）向人力资源管理部上交自动降薪 10% 的降薪申请书，以表达与公司共渡难关的态度，华为审核、批复了其中的 362 份。

华为年销售额达到 317 亿元。

2004 年

与西门子成立合资公司鼎桥通信技术有限公司，进行 TD-SCDMA 解决方案的开发。

获得荷兰运营商 KPN 价值超过 2500 万美元的 3G 合同，首次取得在欧洲大陆的重大突破，这标志着华为开始成为发达国家的主流运营商。

10 月，海思半导体有限公司成立。以此为标志，华为开始不断加强核心技术的研发，包括芯片、操作系统等硬核科技。

2004 年，根据人力资源管理机构美世咨询公司的建议，华为重新设计了公司组织架构和高层决策机制，取消了沿用 10 多年的常务副总裁职位和总裁办公会议，成立了 EMT 及相关委员会，公司重大战略决策均由 EMT 决定。华为正式向集体领导、集体决策转身。集体决策制度一直持续到现在，在可预见的未来也将继续存在。

华为年销售额达到 462 亿元。

2005 年

华为海外合同销售额首次超过国内合同销售额。

与沃达丰签署《全球框架协议》，华为正式成为沃达丰优选通信设备供应商。

成为英国电信（简称 BT）首选的 21 世纪网络供应商，为英国电信 21 世纪网络提供多业务网络接入（MSAN）部件和传输设备。

这一年，华为第一次发布了正式的年报，这不仅仅是财经层面的大事，对于华为这样一家未上市的公司而言，这样的报告还有一个重要意义：对指导员工的价值分配，提高组织的凝聚力和战斗力，激活组织活力十分重要。

华为正式注册成立了华为大学。

这一年，华为公司再次与 IBM 合作，根据企业发展战略的需要，确定了华为管理者的基本素质模型，建立了"领导力素质模型"；设立培训路标，开发出相应课程对领导者进行管理培训，为公司面向全球培养领导者。

华为年销售额达到 667 亿元（约合 83 亿美元），其中海外销售额达 48 亿美元，首次超过国内销售额。

2006 年

以 8.8 亿美元的价格出售华为 –3Com 公司 49% 的股份。

这一年，华为推出了新的企业标识，新标识充分体现了华为聚焦客户、创新、稳健增长和和谐的精神。

年初，华为启动了"定岗定薪"计划。这其实是华为进一步深化人力资源管理、提升人均效率的重要一步棋。通过定岗定薪，大部分人的工资得到了提升，这一做法稳定了军心，同时对所谓的"沉淀层"进行了一定的清理。

研发体系开始试点人力资源业务合作伙伴运作模式，将相关人员配置到一线团队，目的是了解业务需求，提供有针对性的解决方案，更好地支撑业务的发展。为了更好地支持这一运作模式，华为从干部部抽调一批专业 HR，并从业务部门转一些管理者，让他们做人力资源业务合作伙伴。

8 月，在华为业务发展中常见的一个词——"铁三角"首次出现在华为苏丹代表处。具体来说，就是以客户经理（AR）、解决方案专家 / 经理（SR/SSR）、交付专家 / 经理（FR）为核心组建项目管理团队，形成面向客户的、以项目为中心的一线作战单元，从点对点被动响应客户到面对面主动对接客户，以便深入、准确、全面地理解客户的需求。在华为的发展中，"铁三角"的出现具有非常重大的意义，使华为项目交付的质量和效率都有了快速的提高。

华为年营业收入⊖达到 656 亿元。

2007 年

2007 年年底，华为成为欧洲所有顶级运营商的合作伙伴。

被沃达丰授予"2007 全球杰出表现奖"，是唯一获此奖项的电信网络解决方案供应商。

华为首次进入世界 500 强企业之列。

2007 年，华为在 IBM 的协助下开始尝试进行集成财务转型（IFS），这一项目耗时数年，从流程、组织、制度、技术等全方面开始变革，可谓是一个庞大的系统工程。华为在新的财务体系的保证下，决心将部分权力下放。如果没有配套财务管理体系的支持，华为是不能轻易放权的。

2007 年，华为将原有的地区部升级为片区，在各大片区下又设置 20 多个地区部，使作战指挥中心进一步向一线转移，华为提出"让听得见炮声的

⊖ 从 2006 年开始，华为改用营业收入替代销售额进行年度业绩发布。

人来决策"，即在地区部建"重装旅"，在代表处建立"陆战队"，打造前端综合化、后端专业化的"铁三角"组织模式。

从 2007 年开始，华为和埃森哲公司合作启动了 CRM 项目。

华为年营业收入达到 938 亿元。

2008 年

华为在移动设备市场领域排名全球第三。

在印度市场，华为年合同销售额超过 20 亿美元，虽然在印度市场很难获得盈利，但通过印度市场的大发展，摊薄了华为在其他区域市场的成本，使华为后来的盈利情况有了很大的改善。

华为在《专利合作条约》（PCT）框架下共提交 1737 件专利申请，据世界知识产权组织统计，华为在 2008 年专利申请公司（人）排行榜上排名第一；4G 长期演进（LTE）专利数占全球 10% 以上。

华为和埃森哲公司启动 LTC 流程变革一期项目，设计营销业务蓝图。

通过 IFS 的支撑，华为开始把计划和预算权力下放到地区部。

任正非在核心网产品线表彰大会上做了题为《从泥坑中爬起来的人就是圣人》的讲话。

华为年营业收入达到 1253 亿元。

2009 年

成功交付全球首个 LTE/EPC 商用网络，获得的 LTE 商用合同数居全球首位。

这一年，华为开始进行 5G 研发。

华为引入 IBM 的业务领先模型。这套方法论是 IBM 在 2003 年与美国某商学院共同研发的一个完整的战略规划方法论，它也是 IBM 全球从公司层面到各个业务部门共同使用的统一战略规划方法。

提出"资源池"的概念，实际上是建立了一套完整的华为后备干部培养与管理体系。同步开展了组织结构及人力资源机制的改革，从过去的集权管理过渡到分权制衡管理，让一线拥有更多的决策权，以便在千变万化的情形下及时决策。

确定了以代表处系统部"铁三角"为基础、轻装及能力综合化的"海军陆战队"式的作战队形，培育机会、发现机会并咬住机会，在小范围内完成对合同获取、合同交付的作战组织以及对重大项目支持的规划与请求；地区部"重装旅"在一线呼唤炮火的命令下，以高度专业化的能力，支持一线的项目取得成功。

4 月，任正非提出"深淘滩，低作堰"的思想，在企业管理中不断挖掘内部潜力，持续提高人均效率，大幅降低运作成本，为客户提供更有价值的服务。同时，降低自己留存的利润，多让一些利给客户，善待上游供应商。

华为年营业收入达到 1491 亿元。

2010 年

在英国成立安全认证中心。

在 2010 年年报中，华为首次披露了所有董事会、监事会成员名单、简历和照片。长期以来，华为在业界始终带着一定的神秘感，因而一直遭受各种揣测，这些揣测使其在发展道路上受到诸多阻碍。此外，华为在年报中还第一次向公众披露公司面向未来的组织架构，并且第一次披露了分部（区域、业务）财务数据。

在组织架构上，新的董事会确定了公司面向未来发展的治理架构和业务架构，成立了运营商网络业务、企业业务、终端业务和其他业务四大业务运营中心，分别设置各自的经营管理团队，各自按照对应的客户需求的规律确定相应的目标、考核与管理运作机制，在统一的公司平台上进行差异化运作和经营管理。

2011 年

华为智能手机销售量达到 2000 万部。

华为以 5.3 亿美元收购华为赛门铁克。

华为的高层决策机制由 EMT 演化为轮值 CEO 制度。

2011 年，华为的组织架构从按照业务类型划分转变为按照客户类型划分，成立了面向企业、运营商和消费者的 3 个业务集团，同时，将研究与开发在组织上分开。开发列入各个业务集团，仍采用产品线的组织方式，例如，运营商业务包括无线产品线、固定电话网络产品线、数据通信产品线、业务软件产品线等；将研究从研发中划出来以后，华为专门成立了 2012 实验室，专攻前沿技术和面对未来不确定性的探索性研究。华为还加大引入基础科学、数学等方面的人才。2012 实验室属于 5 个服务型业务（Service Business Group, SBG）之一，另外 4 个 SBG 分别为华为大学、供应链管理服务、华为机器和华为内部服务。

华为年营业收入达到 2039 亿元。

2012 年

华为在 2012 年持续推进全球本地化经营，增加了在欧洲市场的投资，重点加大了对英国市场的投资，还在芬兰新建研发中心，在法国和英国成立了本地董事会与咨询委员会。

华为正式启动高端旗舰手机研发战略。

华为针对 12 级及以下的员工启动绝对考核试点，采用绝对指标考核，这些指标是第三方能独立验证的客观指标，不用任何主观指标。

任正非在与 2012 实验室座谈时指出，华为未来的发展必然会受到美国的限制，所以，从芯片、硬件、操作系统、应用软件方面，要尽早做好"去 A 化"⊖准备。

华为年营业收入达到 2202 亿元。

2013 年

华为全球财务风险控制中心在英国伦敦成立，旨在监管华为全球财务运

⊖ 即"去 American"（去美国化）。——编者注

营风险，确保财经业务规范、高效、低风险地运行。

华为欧洲物流中心在匈牙利正式投入运营，辐射欧洲、中亚、中东、非洲国家。

作为欧盟5G项目的主要推动者、英国5G创新中心（5GIC）的发起者，华为发布5G相关文件，积极构建5G全球生态圈，并与全球20多所大学开展紧密的联合研究。

任正非第一次明确提出不会由家人接班。

常务董事会成员民主生活会召开，通过这个会议，大家认识到由于在领导观念、管理作风、工作氛围，以及任用、授权、激励等政策方面存在问题，部分在职员工的潜力没有得到充分激发，导致一些本可以为公司继续创造价值的员工选择离职，或刚到45岁就申请退休。

针对这样的情况，董事会讨论产生若干针对性措施，以指引后续相应政策的制定与优化，从而创造更好的制度和文化氛围，团结和激励优秀员工与公司长期奋斗。

华为年营业收入达到2390亿元。

2014 年

华为在全球9个国家建立了5G创新研究中心，全球研发中心总数达到16个，联合创新中心共28个。

华为加入全球177个标准组织和开源组织，并在其中担任183个重要职位。

华为年营业收入达到 2882 亿元。

2015 年

根据世界知识产权组织公布的数据，在 2015 年企业专利申请排名方面，华为以 3898 件连续两年位居榜首。

华为 LTE 进入 140 多个城市，成功部署 400 多张 LTE 商用网络和 180 多张 EPC 商用网络。

华为智能手机发货超 1 亿部，在全球智能手机市场稳居前三位，在中国市场位居首位。

任正非提出运营商业务的三朵云，其中的"知识云"鼓励专家分享知识和经验，建立合理的培养机制，让专家在最佳的时间段发挥最大的价值。

针对消费者业务，华为实行精兵战略，加强战略预备队的培养，坚持"力出一孔，利出一孔"。

华为年营业收入达到 3950 亿元。

2016 年

10 月 28 日，任正非在研发将士出征大会上发表了题为《春江水暖鸭先知，不破楼兰誓不还》的著名讲话。

华为年营业收入达到 5216 亿元。

2017 年

华为在全球 10 多个城市与 30 多家领先运营商进行了 5G 预商用测试，其产品性能全面超越国际电信联盟的要求。

197 家世界 500 强企业、45 家世界 100 强企业选择将华为作为数字化转型的合作伙伴。

华为与荣耀双品牌并驾齐驱，用户忠诚度不断提升，市场规模快速扩大。华为（含荣耀）智能手机全年发货 1.53 亿部，全球份额突破 10%，稳居全球前三位，在中国市场保持领先地位。

8 月 28 日，任正非签发了"关于 Cloud BU 组织变动的通知"，将云业务升级至集团层面。该业务负责提升云服务的竞争力，对云服务的商业成功负责。云业务刚刚成立 5 个月，就由一个二级部门升级为华为集团层面的一级部门。

华为年营业收入达到 6036 亿元。

2018 年

华为手机（含荣耀）全球发货量突破 2 亿部，稳居全球前三位。

1 月 17 日，任正非在"烧不死的鸟是凤凰，在自我批判中成长"专题仪式上发表题为《从泥坑中爬起来的是圣人》的讲话 ◯。

2 月 26 日，华为发布了基于 3GPP 标准的端到端全系列 5G 产品解决

◯ 这篇演讲与任正非 10 年前在核心网产品线表彰大会上的讲话基本一致。

方案。

3 月 20 日，任正非签发〔2018〕028 号总裁办电子邮件，发布《华为公司人力资源管理纲要 2.0 总纲（公开讨论稿）》。在外界看来，这是一部意义堪比《华为基本法》的管理纲领，也是《华为基本法》颁布 20 年来华为在管理改革上的一次重大举措。

总纲初步总结了 30 年来人力资源管理在公司发展过程中积累的成功经验，识别了当前仍然存在的主要问题。在华为受到外界部分国家不公平对待的情况下，总纲在洞察行业环境及业务变化对人力资源管理提出新挑战的基础上，结合公司发展的新愿景与目标，提出了公司业务管理与组织运作的新模式，并基于新模式提出了有关公司未来人力资源管理工作的主要目标、宏观途径，以及对关键管理要素的改进方向与要求进行的初步思考。

3 月 23 日，经持股员工代表会选举，华为产生了新一届董事会成员。梁华担任新一届董事长。

7 月 26 日，华为在深圳总部举行颁奖仪式，为 5G 极化码（Polar Codes）的发现者、土耳其科学家埃尔达尔·阿里坎教授颁发特别奖项，致敬其为通信事业发展所做的突出贡献。

8 月 31 日，华为发布了新一代人工智能手机芯片——麒麟 980。

华为年营业收入达到 7212 亿元，首次迈入千亿美元大关。

2019 年

智能汽车解决方案 BU 成立。

鸿蒙操作系统正式发布。

华为发布《消费者 BG 粮食包管理高阶方案（试行）》，该方案的目的是简化管理，授予消费者业务合理的"粮食包"（包含工资性薪酬包和奖金包），使消费者业务在边界范围内自主管理、自我约束，充分释放消费者业务的创造活力。

5 月 16 日，美国商务部正式将华为列入"实体清单"。

7 月 31 日，华为举行了"千疮百孔的烂伊尔 2 飞机"战旗交接仪式，任正非在仪式上做了题为《钢铁是怎么炼成的》的讲话。

华为在阿根廷和哥斯达黎加两个代表处启动"合同在代表处申结"试点，任正非亲自赴现场参加试点会议。

华为年营业收入达到 8588 亿元。虽然受美国实体清单打压，华为依然交出了一份不错的答卷。

参考文献
REFERENCE

[1] 道格拉斯·麦格雷戈 . 企业的人性面 [M]. 北京：中国人民大学出版社，2016.

[2] 丁伟，陈海燕 . 华为之熵，光明之矢 [M]. 华为内部刊物，2018.

[3] 黄卫伟 . 以奋斗者为本：华为公司人力资源管理纲要 [M]. 北京：中信出版社，2016.

[4] 田涛 , 吴春波 . 下一个倒下的会不会是华为 [M]. 北京：中信出版社，2017.